KB119586

쉽게 따라하는

강박증
인지행동치료

권준수 · 신민섭 공저

CBT for OCD Made Easier

학지사

강박증은 '강박사고(obsession)'와 '강박행동(compulsion)'을 특징으로 하는 병입니다. 강박사고와 강박행동이 모두 나타나는 경우가 많지만, 때로는 강박사고만을, 혹은 강박행동만을 보이는 경우도 있습니다. 강박증으로 진단을 내릴 수 있으려면, 증상이나 행동이 건강한 생각, 사고, 또는 일상생활에서의 기능을 얼마나 저해하는가를 고려해야 합니다. 때문에 강박증의 진단은 환자와 정신과 의사의 면담을 통해 자세한 측면들을 다루면서 이루어져야 합니다.

강박증은 정신병이 아닙니다. 자신의 행동과 생각이 비정상적이라는 점을 인식하기 때문에 '정신병'이 아니라 불안장애, 예전 표현으로는 일종의 신경증(노이로제)입니다. 강박증을 지닌 대부분의 사람은 자신의 행동이 이상하고 불합리하다는 점을 잘 알고 있습니다.

강박증의 치료에는 스스로 질병의 원인을 이해하고, 증상을 조절하고, 나아가 질병을 극복하기 위한 노력이 큰 역할을 할 수 있습니다. 이 책은 그 과정을 도와주는 동반자가 되고자 합니다.

■■■■ 저자 서문 ■■■■

"넘치면 모자른 것만 못하다."라는 말이 있듯이 아무리 좋은 것이라고 해도 너무 과하면 오히려 해로울 수 있습니다. 대표적으로 강박증이 이에 해당한다고 볼 수 있습니다. 앞으로 일어날지도 모르는 안 좋은 일을 사전에 예방하기 위해 매사에 실수한 것이 없는지 확인하고 꼼꼼하게 점검하고, 외출하기 전에 가스밸브나 현관문이 잘 잠겼는지 확인하며, 귀가한 후나 식사하기 전에는 늘 손을 씻는 행동은 지나치지만 않는다면 일상생활을 바르고 건강하게 영위하는 데 도움이 되는 행동들입니다. 바쁘고 경쟁이 심한 우리사회에서 강박적으로 완벽을 기하는 행동이 때때로 높은 성취나 성공을 통해서 강화되기도 합니다.

그러나 이러한 강박적인 생각이나 행동이 지나쳐서 일상생활을 방해하고 마비시킬 때 이를 강박장애 또는 강박증이라고 할 수 있습니다. 강박증이 있는 사람들은 강박적인 생각이나 행동을 멈추고 싶어도 도저히 통제가 불가능하다는 생각에 무력감이나 우울감을 느끼기도 하며, 강박증상으로 인해 끊임없이 자기 자신을 피곤하게 만듭니다.

이 책은 강박증을 가진 분들이 스스로 자신의 강박증상에 대한 치료자가 될 수 있도록 돕고자 저술한 것입니다. 국내외에서 경험적 연구를 통해 효과가 입증된 대표적인 강박증 치료법은 약물치료와 CBT라고 알려진 인지행동치료입니다. 강박증의 인지행동치료에서는 '인지적 재구조화' 기법과 '노출 및 반응방지' 기법이 주로 사용됩니다. 강박적인 생각을 한 것에 대해서 과도하게 책임감을 느끼거나 나쁜 일이 발생하게 될 거라는 파국적인 사고를 하게 되는 경우에는 보다 합리적인 생각으로 바꾸어 주며, 강박사고를 유발하는 자극에 노출시킨 후, 불안을 유발하는 상황으로부터 회피하거나 도피하려는 강박행동을 하지 못하도록 반응 방지를 하는 것이 강박증 CBT에서 핵심적인 부분입니다. 두려워하는 자극에 의도적으로 노출시키는 것은 처음에는 상당한 불안감을 유발할 수 있지만, 습관화 기제에 의해 불안은 참아낼 수 있을 정도로 점차 감소하게 됩니다.

'쉽게 따라하는 강박증 인지행동치료'라는 제목에서도 알 수 있듯이, 이 책에서 단계적으로 제시하고 있는 다양한 인지적 · 행동적 치료기법을 익히고 연습하다 보면 어느덧 강박증상에 대한 무력한 피해자가 아니라, 강박증상을 스스로 통제할 수 있는 치료자가 되어 있는 자신의 모습을 발견하게 될 것입니다.

이 책에서는 강박증을 가진 분들이 자신의 증상의 유형과 심한 정도를 먼저 평가해 보고, 노출 및 반응 방지 기법을 적용하고, 인지적 오류를 교정하고 대안적이고 적응적인 생각을 가질 수 있도록 하는 훈련을 단계적으로 쉽게 따라할 수 있도록 각 장을 시작하기에 앞서 강박증을 가진 분들의 사례를 제시하여 치료 과정을 알기 쉽게 설명하였습니다.

이 책의 구성은 다음과 같습니다. 1, 2장에서는 강박증의 원인과 증상에 대해 자세한 심리교육을 제공하고, 3장에서는 약물치료를 포함하여 다양한 강박증 치료법을 소개하고 있습니다. 4장에서 7장까지는 강박증의 CBT에 대해 소개한 후, 노출 및 반응방지 기법에 대한 이론적 설명과 더불어 훈련 방법을 상세하게 제시하여 자기-주도적으로 훈련할 수 있도록 차근차근 친절하게 안내하고 있습니다. 8, 9, 10장에서는 강박증에 대한 인지적 모델을 제시한 후, 단계별로 그릇된 믿음에 도전하기, 강박증에서 공통적으로 보이는 인지적 오류를 교정하는 훈련을 제시합니다. 11장에서는 마음챙김 명상과 수용을 통해 강박증상을 조절하는 방법에 대해 사례를 들어서 알기 쉽게 소개하고 있습니다.

마지막으로 12, 13장에서는 강박증으로부터 벗어나 건강하고 자유로운 삶을 사는 데 도움이 되는 건강한 생활을 이어가기 위한 프로그램들을 소개하고 있습니다.

오랫동안 강박증을 앓고 있는 많은 분들을 만나면서 느낀 강박증 치료의 가장 중요한 점은 스스로 자신의 질병의 원인을 이해하고, 증상을 조절하며, 질병을 극복하기 위한 높은 동기를 가지고 적극적인 노력을 하는 것입니다. 아무리 좋은 약물과 그럴듯한 인지행동치료 이론이 있어도 본인의 노력과 극복하고자 하는 의지가 없이는 치료에 한계가 있습니다. 이 책은 그러한 인지행동치료 과정을 도와주는 하나의 동반자일 뿐입니다. 결국 본인의 꾸준한 노력이 중요합니다. 진료실에서는 치료자와 함께, 집에서는 혼자서 워크북을 따라가며 매일매일 20~30분씩 훈련하다 보면 자신의 증상을 통제하고 다룰 수 있게 되실 겁니다.

겨우내 꽁꽁 얼었던 대지와 메마른 나뭇가지가 봄이 되면 유연해지고 새순이 부드럽게 돋아나듯이, 경직된 규칙과 의례적인 절차로 얼어붙었던 강박증을 가진 분들의 사고와 행동이 유연하게 변화되어 자유롭고 행복하게 자신의 삶을 영위할 수 있도록 이 책이 친절한 안내자가 될 수 있기를 기대합니다.

이 책의 내용과 자료 정리에 도움을 주신 서울대학교병원 정신건강의학과 김성년 교수와 서울대학교병원 정신건강의학과 강박증 클리닉에서 인지행동 치료가 실제 증상 완화에 도움이 된다는 것을 경험할 수 있게 해 주신 강박증 환자분들과 치료진들에게 감사드립니다. 이 책이 세상에 나올 수 있게 지원을 아끼지 않으신 학지사 김진환 사장님, 그리고 편집과 번거로운 교정 작업을 세심하게 담당해 주신 이하나 과장님께도 깊은 감사를 드립니다.

2015년 봄날에 연건 캠퍼스에서
저자 권준수, 신민섭 드림

■■■ 차 례 ■■■

Part 04 강박증으로부터 자유로운 건강한 삶

PART 01

강박증에 대해서 알기

제1장

강박증이란 무엇인가

▶▶▶

B군은 20대 중반의 평범한 대학생입니다. B군은 어릴 때부터 걱정이 많은 편이었고 무엇인가를 확인하려 하는 버릇이 있었지만, 그런 버릇이 가족, 친구들의 눈에 띄거나 불편한 느낌을 줄 정도는 아니었습니다. 그런데 취업 걱정 등으로 예민해진 시기인 약 1년 전부터 B군은 무엇인가 잘못될 것 같은 불안한 마음이 들고 불길한 예감 혹은 찜찜한 느낌 때문에 확인을 하는 일이 잦아졌습니다.

아침에 학교 기숙사 방을 나선 후에는 문을 제대로 잠그지 않은 것 같은 느낌이 들어 찜찜한 기분으로 강의실까지 갔다가 다시 돌아가서 문이 잠긴 것을 확인하는 일이 종종 있었고, 강의를 들을 때도, 친구들과 함께 있을 때도 물건이 제 위치에 제대로 놓여 있는지 확인하게 되었습니다. 확인해야 할 것이 점점 많아졌고, B군은 아침에 기숙사 방을 나설 때면 정해진 순서에 따라 하나하나 점검을 해 나가야 했습니다. 중간에 순서를 잊어버리거나 제대로 하지 않았다는 생각이 들면 찜찜한 마음에 처음부터 다시 '제대로' 점검을 하게 되었습니다.

이런 B군의 모습은 친한 친구들의 눈에도 띄기 시작했고, B군 스스로 생각하기에도 자신의 확인하는 습관이 도를 넘고 있다는 생각을 하게 되었습니다. B군은 자신의 정신이 이상해지는 것은 아닌가 하는 걱정이 들어, 정신건강의학과를 방문하여 의사 선생님과 상담해 보기로 결정하였습니다.

❶ '강박증'의 원인

심리적 이상? 생물학적 이상?

강박증이 생기는 데는 대개 심리적인 요소와 생물학적인 요소가 모두 영향을 미친다고 생각됩니다. 강박증과 유사한 행동은 개, 말, 새 등의 동물에서도 관찰되었습니다. 강박증상의 출현을 매개하는 원인으로 대뇌의 특이한 이상이 발견되었습니다. 약물치료나 행동치료가 성공적으로 이루어지면 대뇌의 이상도 호전됩니다.

결국 강박증의 소질은 타고나는 것으로 여겨지는데, 이것만으로 강박증이 생기는 것은 아닙니다. 때로는 충격적인 사건이나 스트레스 또는 신체 질환(포도상구균 인두염)을 겪은 후에 강박증상을 보이기도 합니다. 그러나 그런 증상이 질환으로 이어진다면 이전에 벌써 강박증의 소질을 지니고 있는 경우가 대부분입니다.

심리적 이상? – 스트레스

스트레스는 강박증상을 악화시킵니다. 스트레스 자체가 강박증의 원인은 아닙니다. 그러나 사랑하는 사람과의 사별, 자녀 출산 또는 이혼 등 스트레스를 주는 사건은 강박증을 발병시키거나 기존의 강박증을 악화시킬 수 있습니다.

생물학적 이상? – 유전

일반적으로, 강박증 환자의 친척 중 약 10%가 강박증을 지니고 있다고 생각됩니다. 그리고 약 5~10%는 강박증이라고 할 수는 없지만 아주 경미한 정도의 강박증상을 보입니다. 환자의 자녀가 강박증을 나타낼 것인지 아닌지는 하는 점은 상황에 따라 다릅니다. 즉, 성인기에 발병한 강박증보다는 소아기에 발병한 강박증, 그리고 투렛증후군이나 틱장애를 동반하는 경우에 보다 많은 유전적 소인을 가지고 있습니다. 양쪽 부모 모두 강박증이 있는 경우에는 자녀가 강박증을 보일 위험이 두 배로 증가하여 평균 20% 정도가 됩니다.

하지만 강박증 자체가 대를 이어 유전되는가에는 의문의 여지가 많이 남아 있습니다. 자녀가 성장하면서 부모의 강박증상을 보고 배우게 된 경우에는 어떤 상황에서 강박증상으로 대처하는 것을 학습하게 된 것일 수도 있습니다. 그러나 때로는 자녀가 보이는 강박증상 종류가 부모의 강박증상 종류와 전혀 다르기 때문에 보고 배운 것이라고 보기 어려운 경우도 있습니다.

현재로서는 강박증 자체가 유전되는 것은 아니며, 단지 강박증을 보일 소인이 유전되는 것이라 생각됩니다. 따라서 비록 자녀가 강박증의 소인을 지녔다 하더라도 양육, 교육 및 환경의 영향에 따라 강박증을 보이지 않을 수도 있습니다. 강박증의 유전에 관한 유전자의 위치나 유전의 기전 등은 밝혀진 것이 없습니다.

생물학적 이상? - 뇌의 이상

최근의 많은 연구들은 뇌의 특정 부위의 이상을 강박증의 원인으로 지목하고 있습니다. 대뇌의 앞쪽 부분, 특히 안구 위쪽에 위치한 부분(이를 '안와 피질'이라 부릅니다)은 사회적인 상황에 따라 적절한 행동을 보이는 기능에 깊이 관련됩니다. 이 부분의 대뇌 활동이 저하되어 있는 경우, 예를 들면 손상을 입었거나, 감염되었거나, 또는 뇌종양이 있는 경우에는 사회적 상황을 파악하고 적절한 행동을 보이는 기능이 떨어집니다. 이상한 성적 행동을 보인다거나, 지나치게 비만해질 정도로 과식을 한다거나, 이상한 농담이나 속어를 어울리지 않게 자주 사용하는 등의 성격 변화를 보이게 됩니다. 반대로 대뇌의 이 부위의

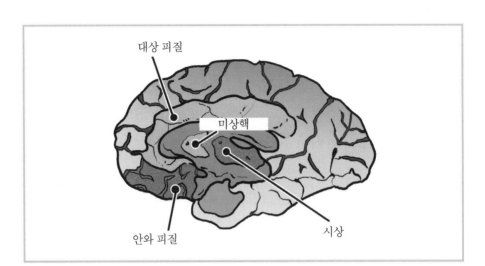

대상 피질

미상핵

안와 피질

시상

그림 1-1 강박장애와 연관된 주요 뇌 부위

활동이 활성화되어 있는 경우에는 사회적인 상황을 지나치게 염려하고, 극히 소심해지고, 매우 까다로워지고, 별것 아닌 일로 끙끙거리는 등의 경향이 나타나는데, 이런 면이 강박증상이 아닌가 생각되고 있습니다.

우리 대뇌에는 또 '미상핵'이라 불리는 부분이 있습니다. 이 부분은 대뇌의 앞쪽에서 오는 정보를 걸러 내는 기능을 합니다. 예를 들어, '~가 반드시 어떻게 되어야 한다.'는 걱정이 너무 많이 대뇌의 앞쪽으로부터 미상핵에 도달하면, 이 정보(걱정)는 적절히 걸러지지 않고 넘쳐흘러서 의식을 가득 메운다고 생각됩니다. 따라서 강박증의 중요한 요인은 대뇌 앞쪽에서 발생하는 지나친 걱정, 그리고 정보를 걸러 내는 일을 하는 미상핵의 기능 이상이라고 보기도 합니다.

대뇌 앞쪽과 미상핵에는 '세로토닌'이라는 신경전달물질을 분비하는 신경세포가 많이 분포되어 있습니다. 세로토닌을 분비하는 이 세포를 일부 절단하는 수술이나 또는 세로토닌 신경세포의 기능을 바꾸어 주는 약물은 강박증 치료에 효과가 있습니다. 그러나 현재까지 강박증의 정확한 원인은 알지 못합니다. '세로토닌 기능 이상'이라는 지식은 단지 강박증에서 비롯되어 생긴 하나의 결과일 뿐이지 세로토닌 기능 이상 자체가 강박증의 원인은 아닙니다. 그리고 세로토닌의 기능에 변화가 생기면, 이는 인간의 생각, 감정, 행동 등에 영향을 미치는 다른 수많은 신경전달물질의 변화를 야기합니다. 강박증은 아마도 대뇌의 다양한 구조나 기능의 이상이 최종적으로 표현되는 한 형태가 아닌가 생각됩니다. 이렇듯 강박증의 원인이 복잡하기 때문에 왜 여러 가지 종류의 치료가 강박증에 도움이 되는지, 혹은 왜 어떤 사람은 치료에서 별로 도움을 받지 못하는지를 이해할 수 있습니다.

심리적 갈등? 강박증의 또 다른 원인?

오랜 기간 정신분석학자들은 강박증상이 무의식 속에 숨겨진 공격성 등의 심리적 갈등이 상징적으로 표현된 것이라고 생각했습니다. 그러나 아직 이 이론이 맞다는 증거는 별로 없으며, 이러한 심리적 갈등을 탐색하고 분석하는 것이 많은 환자의 강박증상을 없애는 데 그다지 효과가 없었습니다.

강박증의 특별한 원인이 몇 가지 알려지기는 했습니다. 제1차 세계대전 직후에 본 에코노모 뇌염(Von Economo's encephalitis)이 창궐한 적이 있는데, 이 병에 걸린 사람들의 상당수가 강박증상을 보였습니다. 염증은 뇌의 여러 부분을 침범했고, 여기에는 미상핵도 포함되어 있습니다. 안와 윗부분의 뇌(안와 전두엽)를 다친 사람은 강박증상을 보입니다. 또한 포도상구균 감염에 대한 면역 반응으로 생기는 시덴함 무도병(Sydenham's chorea)이 있습니다. 이 병은 포도상구균에 대해서뿐만 아니라 일종의 '자가 면역(자신의 조직에 대한 면역 반응을 일으키는 것을 말함)' 반응을 일으켜 미상핵에도 변화를 야기하고, 결과적으로 강박증상이 나타나게 합니다. 시덴함 무도병을 앓은 사람 중에 14%가 강박증을 보이게 된다고 알려져 있습니다. 이는 일반 인구에 비해서 매우 높은 비율입니다.

종교적 의식의 영향을 매우 많이 받으면서 자랐다면, 종교적인 의례 행동을 하기 쉽습니다. 이는 학습이나 습관화된 경험으로 강박증을 나타내게 된다는 점을 시사합니다. 학습이론은 강박증의 어떤 부분을 잘 설명해 줍니다. 한 사람이 어떤 이유로 불안해지면 곧 어떤 행동을 하게 됩니다. 이 행동이 의도적이었든, 우연한 것이었든 때마침 그 행동으로 불안이 줄어듭니다. 그렇다면 이 행동은 이후 강화되고 반복됩니다. 그리고 이 행동은 그 사람에게 아주 특별해집니다. 급기야 이런 의례적인 성격을 지닌 어떤 행동이 확립되면 결국 강박증이 발생하는 것입니다. 강박증을 설명하는 이 학습이론은 모든 강박증을 설명하지는 못하지만, 어떤 환자의 병력에는 아주 잘 부합합니다.

이와 같이 강박증의 발병은 유전, 생물학적 요인 그리고 삶의 경험 세 가지의 상호작용을 통해 이루어지는 것으로 생각됩니다. 현재 강박증의 정확한 원인에 대해서 많이 알려져 있지는 않습니다. 그러나 그 치료에 대해서는 많은 지식이 축적되어 있으므로 충분히 효과적인 치료가 가능합니다.

❷ '강박증'과 혼돈을 초래하는 다른 질환

강박적인 식사, 음주, 도박, 혹은 변태적인 성(性)행동이 강박증의 한 형태가 아닌가 생각하는 사람들이 있습니다. 그러나 이 행동들은 분명한 어떤 즐거움을 주며, 사람들은 일반적으로 이러한 행동을 멈추고 싶어 하지 않습니다. 따라서 현재로서는 강박증에 포함되지 않습니다. 그러나 강박증에 효과적인 치료 방법으로 이러한 행동들을 개선할 수 있습니다. 아마도 보다 광범위하게 강박증과 그 관련 질환을 이해하게 되면서 점차 병의 분류도 바뀌어 갈 것이라고 생각합니다.

우울증은 강박증상을 일으킬 수 있습니다. 우울한 사람의 생각은 전형적인 강박증상으로 보이기도 합니다. 예를 들면, 미래에 대한 공포감이 그렇습니다. 그러나 대개 우울증의 경우에는 과거에 대한 집착, 자신을 비난하는 내용의 생각을 더 많이 합니다.

정신병 상태에서 보이는 망상(굳건하게 믿고 있는 잘못된 신념)이 강박증상과 구별하기 어려울 때가 많습니다. 그러나 이러한 경우에도 정신병에서 나타나는 다른 증상들(환각, 혼란, 위축, 동기 저하, 과활동 등)과 충분히 구별할 수 있습니다.

'강박증'은 '공포증'과 어떻게 다른가

강박증과 공포증은 모두 두려움의 대상을 피하게 하고, 이 증상이 있는 사람들은 자신의 행동이 비합리적이라는 것을 알고 있습니다. 이와 같은 유사한 점이 많기는 하지만, 이 둘은 뚜렷하게 구별됩니다.

공포증은 두려운 대상과의 실제 접촉을 두려워하고, 접촉을 피하기 위한 행동을 합니다. 강박증은 실제 접촉 자체보다는 그 접촉이 가져올 결과와 접촉 후에 시간을 들여서 수행해야 하는 강박행동을 더 염려합니다. 그리고 공포증에서 두려움의 대상은 강박증에서보다 구체적입니다.

강박증의 경우에는 두려운 대상을 접할 때, 불안이 분명하기는 해도 불안보다 혐오감이 더 큰 경우가 있습니다. 하지만 공포증에서는 혐오감은 별로 없고 심한 불안과 공포감이 대부분입니다.

❸ '강박증'의 유병률

과거에는 강박증을 매우 드문 질환으로 생각했습니다. 그러나 최근의 국내외 연구 결과에 따르면, 전체 인구의 약 1.5% 정도가 이 질환을 앓고 있는 것으로 나타났습니다. 또한 평생 이 질환을 앓게 되는 사람은 전체 인구의 2~3% 정도로 알려지고 있습니다. 이는 인종, 성별, 사회경제적 상태와 무관합니다. 우리나라에서도 실시된 역학조사 연구에 따르면, 유병률이 약 2.1%인 것으로 보고되었습니다.

④ 강박증과 '성격'

강박증과 관련된 성격 연구는 다음의 두 가지 이유로 관심을 얻고 있습니다.

첫째, 성격에 문제가 있으면 행동치료나 약물치료에 효과가 별로 없는가?

둘째, 강박적 성격은 강박증과 관련이 있는가, 혹은 강박적 성격이 강박증으로 이어지는가?

강박증과 성격의 관련성에 대한 현재까지의 연구 결과를 살펴보면, '이상 성격'이 있다고 해서 강박증상의 치료 결과가 달라지는 것은 아닙니다. 그러나 대개 어떤 종류의 성격 문제가 있는 경우에는 예후가 별로 좋지 않았습니다. 조현형 성격장애, 회피성 성격장애, 경계성 성격장애, 그리고 편집성 성격장애가 여기에 해당합니다. 조현형 성격장애는 사람들과 친밀한 관계를 맺기 어렵고, 지각이나 생각이 왜곡되어 있고, 다소 비현실적인 생각을 많이 하며, 행동에서도 기이한 성격이 드러납니다. 회피성 성격장애는 자신이 못났다고 생각하고, 다른 사람의 비난이나 질책을 지나치게 두려워하고, 다른 사람이 자신을 거절할까 염려하여 결국 다른 사람과의 관계를 피하게 되는 성격을 말합니다. 경계성 성격장애는 항상 공허감을 느끼고, 감정적으로 매우 불안정하여 화를 잘 내고, 충동적이며 자주 우울해지고, 다른 사람과 친밀해지기를 원하지만 자주 마찰이 빚어져 결국 안정된 관계를 맺지 못하는 성격을 말합니다. 마지막으로, 편집성 성격장애는 잘 믿지 못하고, 사소한 일로 쉽게 의심하고 자주 다투며, 항상 차가워 보이고, 다른 사람과 친밀한 관계를 형성하지 못하는 성격을 말합니다.

　이러한 성격의 문제는 '대인관계의 문제'라고 요약할 수 있습니다. 강박증 환자들은 대개 행동치료를 거부하는 경우가 많고, 행동치료를 시작하더라도 치료 효과가 없거나 치료를 중단하는 경우가 많습니다.

　'강박성 성격장애'란 완벽 지향적이고 질서를 고집하고 융통성이 없으며, 지엽적인 것, 지나치게 세세한 것, 순서나 규칙, 원칙, 규율 따위에 지나치게 집착하는 성격을 말합니다. '강박성 성격장애'는 강박증과 비슷한 면이 있기는 해도 '강박증'과는 뚜렷이 구별되는 별개의 문제입니다. 그리고 '강박성 성격장애'가 있다고 해서 반드시 강박증이 생기는 것은 아닙니다.

　강박증에서 약 3분의 1 정도(35%)는 성격적 문제가 있다고 알려져 있습니다. 의존적 성격, 히스테리성 성격, 그리고 강박적 성격이 가장 흔합니다. 성격의 차원 검사(성격의 몇 가지 측면을 구별하여 측정하는 검사)에서는 강박증 환자들이 '새로운 것을 찾는' 경향이 적고, '위험을 피하는' 경향이 강하다고 알려져 있습니다.

　강박증과 성격의 문제를 함께 지닌 경우에는 강박증 치료 시 좋은 효과를 얻기 위해서 강박증에 대한 치료와 더불어 성격의 문제에 대한 치료가 병행되어야 합니다. 여기에는 약물치료를 포함한 여러 가지 치료 방법이 있습니다.

제2장

강박증의 증상

▶▶▶

정신건강의학과 진료실을 찾은 B군은 담당 선생님에게 자신의 증상을 상담하였습니다. 담당 선생님은 강박증일 가능성이 크니 증상을 조금 더 살펴보자고 하였습니다. 그리고 혹시 더러워지거나 오염되는 것이 신경 쓰이지는 않는지, 누군가를 실수로 해치거나 혹은 누군가가 자신을 해칠까 봐 걱정되지는 않는지, 원하지 않는 공격적이거나 성적인 이미지가 머릿속에 떠올라 괴로운 일은 없는지 등 여러 가지 증상 중에 혹시 해당하는 것이 있는지 물어보았습니다.

B군은 선생님의 질문을 듣고, 뒤이어 받은 증상 목록표를 읽고 스스로 체크해 나가면서 병원 방문 전에 문제라고 생각한 것 외에도 스스로 느끼기에 지나친 생각이나 지나치게, 혹은 반복해서 하게 되는 행동이 꽤 있다는 것을 알게 되었습니다.

❶ 흔히 있는 강박사고는?

강박사고란 원하지 않고 불필요하다는 것도 스스로 잘 알지만, 잘 조절되지 않으며 마음속에 자꾸 반복적으로 떠오르는 생각, 장면, 충동, 또는 걱정을 말합니다. 이러한 강박사고는 대개는 위험한 일이 생길 것 같은 느낌을 많이 줍니다. 경우에 따라서는 말도 안 되고, 불쾌하고, 무섭고, 심지어는 비위가 상하는 내용일 수도 있습니다. 흔한 강박사고로는 다음과 같은 것들이 있습니다.

- 사랑하는 가족을 죽일 것 같은 반복적인 충동
- 더러워지거나 오염되는 것, 병균이 옮겨져 감염되는 것 등에 대한 지나친 걱정
- 일이 제대로 되었다는 것을 알지만, 거기에 뭔가 잘못된 것이 있지 않은지 의심하는 반복적인 생각
- 신앙이 있는 사람의 경우 반복적으로 드는 신성모독 또는 불경스러운 생각
- 가치나 중요성이 별로 없는 물건임에도, 그것을 잃어버리면 어쩌나 하는 걱정
- 물건들이 제자리에 정확하게, 혹은 정해진 순서대로 놓여 있어야 할 것 같은 느낌
- 몸의 일부분의 모양이나 신체 기능에 대한 지나친 걱정
- 별로 의미 없는 소리, 단어, 숫자 등이 머릿속에 반복적으로 떠오름

물론 현실에서 우리는 일상적인 문제들에 대해 어느 정도의 걱정을 하기 마련이지만, 강박사고는 그 양과 심각도에서 차이가 있습니다. 또한 사실적인 요소들 이외에 비현실적인 내용도 많기 때문에 이러한 구분이 익숙하지 않은 아이들을 제외하고 성인의 경우에는 대부분 자신의 행동이 비합리적이라고 느끼게 됩니다. 스스로 하지 않으려 함에도 불구하고, 억제하기 어려운 것이 강박사고의 특징 중 하나입니다.

강박사고를 경험할 때는 불안감과 불쾌감, 스트레스가 동반되므로 이러한 고통을 줄이기 위해서 생각을 억누르거나 무시하는 등 부정적인 감정들을 중

화하려는 노력을 하게 됩니다. 이러한 노력들로 인해 강박사고에 저항하는 일종의 자신만의 의식, 의례들을 만들어 내는 경우가 많습니다.

② 흔히 있는 강박행동은?

강박행동이란 불편할 때나 불안할 때 이를 통제하고자 하는 강한 욕구를 느껴서 하게 되는 반복적인 행동을 말합니다. 보통 강박사고가 사람을 불편하게 하면, 그 사람은 불편에서 벗어나고자 강박행동을 하게 됩니다. 강박행동은 어떤 동작일 수도 있고, 불편함을 줄이고 스스로를 달래고자 머릿속으로 반복하는 생각일 수도 있습니다. 그러나 이러한 행동은 불안이나 불편함을 잠시 동안만, 그리고 불완전하게 해소해 주기 때문에 반복적으로 행하게 되는 경우가 대부분이고, 결국 너무 지나쳐서 문제를 야기하게 됩니다. '의례적인 행동'인 강박행동은 스스로 정해 놓은 규칙에 딱 맞추어서 행해져야 합니다. 강박행동은 즐겁기 때문에 행하는 것이 아닙니다. 하지만 긴장, 불편감, 불안, 공포감 따위를 순간순간 줄여 주기 때문에 계속 행하게 됩니다. 흔한 강박행동으로는 다음과 같은 것들이 있습니다.

- 반복해서 씻기와 청결하게 하는 세척 행동: 오염이 되었다는 생각을 없애기 위해 지나치게 손을 씻거나 오래 샤워하거나 몇 시간 동안 집을 청소하는 것과 같은 의례적인 행위를 함
- 반복해서 확인하는 행동: 문을 잠갔는지, 가스레인지의 불을 껐는지, 안 좋은 일이 생기지 않았는지 등을 반복적으로 확인해 보는 행동을 하고, 다른 사람에게 반복적으로 질문하며 확인하려고 하기도 함
- 사소한 물건도 버리지 못하고 모음: 필요 없는 물건을 버리지 않고 축적하

는 행동으로, 심한 경우에는 집을 그런 물건들로 가득 채워서 다른 물건을 넣어 둘 공간이 없을 정도임

● 사물을 정렬하고 정리하는 행동: 물건들이 어지럽혀져 있거나 대칭이 맞지 않으면 불편해져서 순서대로 제자리에 정확히 두고자 하며, 어떤 경우에는 대칭이 되면 오히려 불안해하는 경우도 있음

머릿속에서만 강박행동이 나타나는 경우도 있는데, 이런 경우는 폭력적인 생각이나 성적인 생각, 혹은 과거의 불쾌한 기억들이 강박사고로 나타납니다. 이런 불편한 생각들로 인한 불안을 줄이기 위해서 머릿속으로 일정한 생각을 반복하게 되는데, 대개는 긍정적인 단어나 숫자, 기도문을 반복하는 양상으로 나타납니다.

강박행동은 왜 멈추어지지 않는가

강박행동을 멈출 수 없는 가장 큰 이유는 아마도 불안일 것입니다. 강박증이 있는 사람은 증상이 어떤 것에 집중될 때 극심한 불안을 겪습니다. 자신이 집중하고 있는 것이 제대로 되어 있는지 '확인'하려 합니다. 강박증은 의심하는 병이므로, 강박증을 지닌 사람은 어떤 것이 제대로 되어 있음을 결코 확신할 수가 없다고 느낍니다. 이러한 생각이 강박행동의 형태로 나타나게 되는데, 손 씻기가 대표적인 예입니다. 아무리 열심히 손을 씻어도 손이 깨끗하다고 느낄 수가 없습니다. 거기에는 항상 '혹시?' 하는 생각이 있는데, '혹시나 아주 작은 병균이 남아 있으면 어떻게 하지?' 하고 의심하며 계속 손을 씻는 것입니다. 강박행동을 하지 않는다면 불안은 견딜 수 없이 극심한 수준에까지 이르게 되어, 만일 강박행동을 하지 않는다면 끔찍한 결과가 초래될 것이라는 파국적인 생각을 하게 됩니다.

❸ 다양한 강박증상

강박사고와 강박행동은 다양한 형태가 있기 때문에 일반적으로 여기에 기술한 어떤 한 가지 유형으로 분류하기는 어렵습니다.

오염에 대한 공포와 세척

오염에 대한 불안은 강박증상 중에서 가장 흔하게 나타나는 증상입니다. 더러워지거나 오염되는 것, 병균이 옮겨져 감염되는 것 등에 대한 지나친 걱정이 강박사고의 내용으로, 오염에 대한 공포가 세척과 같은 강박행동으로 나타나게 됩니다.

다음은 이러한 오염 강박사고와 강박행동의 예입니다.

 사 례

대학생인 J군은 성실하고 모범적인 학생입니다. 그런데 수업이 끝나면 곧바로 집으로 올 뿐 또래들과 어울리는 일이 거의 없습니다. "사람 많은 곳에 가는 걸 좋아하지 않거든요. 그러니까 친구들 만나는 것도 불편하고……." 여러 사람이 만지는 문 손잡이나 버스 손잡이, 공중 화장실을 사용하는 것은 J군에게 매우 힘든 일입니다. 그런 것들을 만지면 더러운 병균에 자신이 오염되었다는 불안감이 들어 한참 동안 손을 씻어야 하기 때문입니다. 씻고 나서도 왠지 무언가 남아 있다는 불안감이 사라질 때까지 몇 번이고 반복적으로 손을 씻게 됩니다. "한참 씻어야 하니까, 저도 힘들어서……. 차라리 그런 곳에 잘 가지 않는 게 나아요." J군은 가방에 항상 항균 성분이 함유된 비누를 가지고 다닙니다. "이걸로 닦아야만 안심이 되거든요." J군은 앞으로 군대나 직장 같은 사회생활을 자신이 잘 해낼 수 있을지 걱정이 많습니다.

오염-청결 강박행동

확인 강박행동

반복 강박행동

마음을 못 정하고 어떤 행동을 번갈아 반복하는 것으로, 물건을 들었다가 놓기를 반복함

정렬 강박행동

2개 이상의 물건이 있을 때 대칭이나 직각이 되도록 두어야 한다는 강박적인 생각에 시달림

모아 두는 강박행동

물건들을 무조건 모으기만 하고 버리지 못함

강박적인 생각

뾰족한 물건을 보면 그 물건으로 다른 사람을 해칠지도 모른다는 불안을 느끼게 되어 그 결과 다른 사람을 보는 것을 회피함

그림 2-1 강박증의 주요 증상

병적인 의심과 확인

병적인 의심과 그에 대한 확인은 강박사고와 행동 중 가장 흔한 유형입니다. 이러한 강박사고는 일이 제대로 되었다는 것을 알지만, 거기에 뭔가 잘못된 것이 있지는 않은지 의심하는 반복적인 생각으로 나타납니다. 따라서 이에 대해 확인하는 강박행동을 수반합니다.

다음은 그러한 예입니다.

 사 례

식당 일을 하러 일찍 나가시는 어머니와 단둘이 사는 M군은 혼자 아침을 차려 먹고 문단속을 하고 나옵니다. 그렇지만 항상 무언가 잘하지 못하고 나왔다는 불안감에 몇 번이고 확인하느라 오늘도 여느 때처럼 지각을 하고 말았습니다. 문을 잠그고도 몇 번이나 확인하고, 학교로 가는 도중에 다시 돌아온 적도 있습니다. "왠지 제가 문을 안 잠그고 나왔다는 생각이 자꾸 들고, 직접 확인해야 그런 불안이 없어져요." 아침에 분명히 모두 확인했건만, 얼마 지나지 않아서 다시금 의심이 생깁니다. 문도 그렇고, 가스를 안 잠그고 나온 것 같다는 생각, 창문이 열려 있을 것 같다는 의심이 반복적으로 떠올라서 M군은 얼마 전에는 조퇴를 한 적이 있습니다. "꼭 확인을 해야지 살 것 같았거든요."

M군의 강박사고와 강박행동은 학교생활에도 지장을 많이 줍니다. "그런 의심이 자꾸 드니까, 집중이 잘 안 돼요. 예전보다 성적도 많이 떨어졌어요."

대칭성에 대한 집착과 정리

대칭성에 대한 강박사고 역시 일반적인 유형의 하나로, 이는 물건들이 제자리에 정확하게, 혹은 정해진 순서대로 놓여 있어야 할 것 같은 느낌으로 나타납니다.

다음은 대칭적인 것에 대한 강박사고와 행동을 보이는 예입니다.

사 례

　　30대 후반의 주부인 S씨는 오늘도 장을 보고 온 물건을 정리하는 데 2시간이 넘게 걸렸습니다. 마트에서 상자째로 사 온 생수 박스를 뜯어서 생수병들을 가지런히 정리해 놓는데, 상표가 모두 같은 방향을 향하도록 정렬해야 합니다. 냉장고에 들어가는 물건들도 크기에 맞추어 나란히, 가지런히 정리해서 놓아야 합니다. 부엌뿐 아니라 S씨의 집에 있는 모든 물건은 삐뚜름하거나 튀어나온 것 없이 깔끔한 모습입니다. 책을 읽고서 키에 맞춰 꽂아 놓지 않은 큰아이의 책장을 매일같이 정리하면서 S씨는 아이들에게 잔소리를 하게 되는 일이 많습니다. "저도 피곤하죠. 종일 치우고, 정리하고…… 그래도 흐트러진 집안을 보고 있으면 불안해서 견딜 수가 없어요."

공격적 · 성적 · 종교적 강박사고

　　공격적 · 성적 · 종교적 강박사고도 많이 관찰되는 유형입니다. 신앙이 있는 사람에게는 반복적으로 드는 신성모독 또는 불경스러운 생각으로 나타날 수 있고, 소심하거나 내성적인 성격의 사람에게는 주변 사람이나 가족 혹은 그 이외의 사람에 대한 공격적이고 폭력적인 생각이나 성적인 충동으로 나타나는 경우도 있습니다.

　　다음은 공격적 · 성적 강박사고와 이에 대한 반복적인 강박행동을 보이는 예입니다.

 사 례

　　20대 남성 H씨는 자꾸만 떠오르는 공격적이고 위협적인 강박사고로 고통받고 있습니다. 이라크 전쟁이나 테러 장면들, 칼에 찔려서 피를 흘리는 사람들의 심상이 반복적으로 떠오르고, 가끔은 자신이 그러한 행동을 할지도 모른다는 생각이 떠오르기도 합니다. 그때마다 동반되는 불안감을 억누르기 위해 H씨는 스스로 '운이 좋다'고 생각하는 숫자가 7이므로 기도를 일곱 번씩 반복적으로 합니다. "글을 읽을 때 '총'이나 '칼' 자만 봐도 불안감이 생깁니다. 얼마 전에는 '총무' 라는 글자를 보고 한참 동안 기도를 해야 했지요." 최근에는 성적인 이미지들이 떠오르는 횟수가 늘어나면서 H씨의 반복적인 기도도 계속되고 있습니다.

"불안해서 기도를 하는 동안에도 제 표정이 매우 굳어 있다는 것이 느껴져요. 남들이 저를 보면 뭔가 이상하다고 생각할까 봐 걱정이 됩니다." H씨는 직장 동료들이 자신에게 이러한 증상이 있다는 것을 알게 될까 봐 전전긍긍하고 있습니다.

신체적 염려

신체적 염려 역시 비교적 흔한 강박사고 중의 하나입니다. 이것은 신체 일부분의 모양이나 기능에 대한 지나친 걱정으로 나타나는데, 이에 대해서 반복적인 안심을 구하기 위하여 확인하는 강박행동이 같이 나타날 수 있습니다.

다음은 그 예입니다.

사 례

20대 대학생인 C양은 자신의 코가 오른쪽으로 약간 비뚤어졌다는 생각이 자꾸 들어서 거울을 자주 들여다봅니다. 수업 시간에도 그런 생각이 들면 손으로 코를 만져 보면서 확인하기도 했지만, 요즘은 그렇게 손으로 자꾸 만지면 더 비뚤어질까 봐 아예 손을 대지 않기로 하였습니다. 가족이나 주변 친구들에게 자꾸 "내 코가 비뚤어져 보이지 않느냐?"고 반복적으로 확인을 구하고, 괜찮다는 대답을 들어야 안심을 하는 행동을 반복해서 가족은 이제 C양이 '코' 자만 꺼내도 짜증이 납니다. "도대체 우리가 어떻게 해 줘야 하는 건지 모르겠어요." C양의 어머니는 아무리 안심시켜 줘도 잠시 후면 또다시 불안한 얼굴로 자기 코가 괜찮게 보이는지 물어보는 딸 때문에 걱정입니다.

④ 강박증의 신경심리

사람의 뇌의 해부학적인 구조와 그 기능에 대해 연구하는 분야인 '신경심리학'은 어떤 정신적 질환의 원인과 병리를 이해하는 데 아주 중요하고 유용한 분야입니다. 어떤 정신적인 기능, 예를 들면 주의력, 기억력, 집중력, 추상적 사고능력 등에 대한 신경심리학적 검사 방법들이 매우 많이 개발되어 있습니다.

강박증에 대한 신경심리 연구 결과들을 종합해 보면, 시공간 능력, 비언어적 기억 능력, 실행 능력 등에 이상이 있는 것으로 나타났습니다.

시공간 능력은 이차원 또는 삼차원의 물체를 시각적으로 인식하고 이를 조작하는 능력을 말합니다. 어떤 도형을 따라 그리는 것이 그 예가 됩니다. 어떤 모양을 파악하는 시각적 능력, 공간 속에서 그 모양과 자기 자신의 관계를 이해하는 능력, 그 모양을 적절하게 재구성하거나 필요한 조작을 할 수 있는 운동 능력 및 계획 능력 등 여러 가지 능력이 조화롭게 기능이 잘 유지되어야 합니다.

비언어적 기억 능력은 말이나 단어로 표현되지 않는 어떤 모양, 이미지 등을 기억해 내는 능력입니다. 기억 기능이 제대로 이루어지기 위해서는 새로운 내용의 학습, 저장, 재생의 세 가지 기능이 제대로 작동해야 합니다. 강박증에서 비언어적 기억의 이상을 보이는 것은 아마도 인출의 문제가 아닐까 생각됩니다. 즉, 새로 학습된 어떤 기억이 제대로 저장되어 있음에도 그것을 잘 인출할 수가 없는 것입니다.

실행 능력이란 매우 복잡한 능력으로, 어떤 상황에서 중요한 맥락을 파악하여 계획을 수립하고, 목표를 달성하기 위한 다양한 방법을 생각하고, 체계적으로 그 계획과 방법에 따라 어떤 행동을 수행하고, 동시에 그 행동이 적절한지 계속적으로 결과를 관찰하며 필요하다면 수정해 나가는 능력을 말합니다.

이 밖의 다른 신경심리 영역, 즉 지능이나 언어 능력 등은 강박증에서 이상이 관찰되지 않는 편입니다. 요약하면, 대뇌의 전체적인 기능에는 문제가 없지만 앞에서 언급한 일부 기능, 즉 실행 능력과 비언어적 기억 능력에 문제가 있다고 알려져 있습니다.

최근의 연구를 보면, 실행 능력의 이상 정도에 따라 이차적으로 비언어적 능력(시공간 능력, 시각 기억 능력)의 이상이 좌우된다고 합니다. 즉, 시공간적 능력과 시각 기억 능력의 결함은 어떤 일을 수행할 때 전체적인 맥락을 파악하고 중요성의 우선순위에 따라 계획을 수립하여 행동하며 그 행동을 관찰하고 수정하는 실행 능력의 결함에서 비롯된 것입니다. 예를 들면, 복잡한 그림을 기억할 때, 전체적인 외관을 파악해 놓고 세부적인 것들을 기억하면 잘 기억하게 될 것입니다. 그런데 강박증의 경우에는 전체적인 외관보다 세부적인 것에 집착하다 보니, 그 전체적인 모양이 잘 통합되어 저장되지 않은 탓에 나중에 기억을 떠올리는 데 종종 문제가 생기는 것입니다. 즉, "나무는 보지만 숲을 보지 못한다."라는 말에 해당하는 문제입니다. 따라서 강박증의 핵심적인 문제는 전체 맥락의 파악, 중요성에 따른 우선순위 결정, 행동 계획의 수립, 행동의 관찰과 수정이라는 내용을 포함하는 실행 능력의 결함이라고 볼 수 있습니다.

이는 앞서 언급한 뇌의 해부학적 이상 부위(전두엽, 미상핵)에 대한 의견과도 일치하는 소견입니다. 그리고 이러한 신경심리 이상은 '불안'이라는 감정을 야기하고, 불안으로 인해서 반복적으로 어떤 생각이나 이미지가 떠오르고 이를 통제하기 위해 씻거나 확인하려 하는 등의 강박증상이 생깁니다.

강박증의 치료 방법

▶▶▶

담당 선생님은 B군에게 하루 중 증상의 영향을 받는 시간, 증상으로 인해서 괴로운 정도나 공부와 생활이 방해를 받는 정도, 스스로 이를 조절할 수 있는지 등에 대해서 물어보았습니다. 곰곰이 생각해 본 B군은 자신이 하루 중 적지 않은 시간인 수시간 동안 증상이 있는 상태로 보내고 있다는 것을 알게 되었습니다. 담당 선생님은 증상이 가벼운 것은 아니어서 치료를 받는 것이 좋겠다고 하였습니다.

우선 약물치료를 통해 큰 도움을 받을 수 있을 것이라고 말씀하시면서, 약물치료가 뇌에서 효과를 나타내는 원리와, 흔히 나타나는 부작용에 대해서 설명해 주었습니다. 또한 약물치료만 받는 것보다 인지행동치료를 함께 받는 것이 치료 효과를 높이고 좋아진 상태를 유지하는 데 더 도움이 될 수 있으니 인지행동치료를 함께 받아 볼 것을 추천하였습니다.

1970년대에 강박증의 행동치료가 시작되었고, 이후 지난 30년간 강박증의 치료에 대한 관심이 높아지면서 다양한 치료법이 제시되었습니다. 그중에서도 여러 환자에게 치료 효과가 높았던 두 가지 치료법이 오늘날 가장 일반적으로 사용되고 있습니다. 바로 약물치료와 인지행동치료(CBT: Cognitive Behavior

Therapy)가 대표적입니다.

약물치료는 뇌의 전달물질인 세로토닌(Serotonin)의 대사에 변화를 일으켜 강박증상을 완화시키는 방법으로, 치료적 효과가 비교적 높은 것으로 알려져 있습니다. 그러나 약물로 인한 치료 효과가 그리 오래 지속되지는 않으며, 약물 복용을 중단할 경우 재발 가능성이 큰 것으로 밝혀져 약물치료 외에 강박증 치료에 효과적이며 동시에 그 효과가 지속적인 치료법을 고안하기에 이르렀습니다. 이미 강박증 외의 다른 정신질환(우울, 불안, 공포 등) 등의 치료에 효과가 입증된 CBT가 바로 그것입니다.

CBT는 강박증의 치료에 효과적이며 또 그러한 효과가 매우 지속적이라는 연구 결과들이 연이어 제시되고 있었으므로, 이에 현재는 강박증의 주된 치료법으로 자리 잡았습니다. 그리고 최근에는 CBT가 약물치료와 동일하거나 그 이상의 효과를 내며, 무엇보다 재발을 방지하고 치료 효과를 유지시키는 데 탁월하다고 알려져 있습니다. 이에 약물치료를 거부하거나 약물의 효과가 없는 환자에게 유용한 독립적인 치료방법으로 인정받고 있습니다.

오늘날 강박증의 치료에는 이 두 가지 치료법을 병행하는 것이 이상적이라고 알려져 있으며, 그럴 경우 단독의 치료법을 고집할 때보다 훨씬 치료적 효과가 높은 것으로 보고되고 있습니다. 그럼 먼저 약물치료 및 생물학적 치료에 대해 알아보고, 이후에 이 책의 주된 내용인 CBT에 대해서 설명하도록 하겠습니다.

❶ 약물치료

과거에 몇몇 항우울제가 강박증상을 줄여 준다고 알려졌지만, 사실 그 효과는 미미하였습니다. 이러한 약물들은 우울증이 동반된 강박증상 또는 우울증상의 하나로서 강박증상이 나타날 때 효과적이었습니다. 하지만 최근에 강박중에 대한 단독 치료로 약물학적 치료가 가장 효과적인 것으로 알려졌으며 현재는 충분한 용량의 세로토닌 재흡수 억제제를 수개월 이상 사용하는 것이 강박증 치료법으로 널리 알려져 있습니다.

최근에는 우울증상이 있는지 없는지에 상관없이 강박증상 자체에 효과적인 약물이 개발되었습니다. 현재 사용 중인 약물은 모두 '세로토닌' 신경전달을 증진시키는 작용을 지니고 있습니다.

그럼 세로토닌 재흡수 억제제가 무엇인지 잠깐 살펴볼까요?

'선택적 세로토닌 재흡수 억제제(SSRI: Selective Serotonin Reuptake Inhibitors)'는 항우울제로 개발되었습니다. 이 계통에 속한 약물의 작용은 전통적인 항우울제보다 훨씬 선택적으로 세로토닌 신경전달에 관여하고, 따라서 그 부작용이 훨씬 제한적입니다. 부작용 때문에 전통적인 항우울제를 복용하기 힘들어하던 많은 환자가 이 계통의 약물은 아주 편안하게 복용합니다. 그러나 어떤 약물이든 부작용은 있습니다. 이 계통의 약물이 유발할 수 있는 공통적인 부작용은 가벼운 구역질, 두통, 성적 극치감 지연 등입니다.

다음에서는 많이 쓰이는 세로토닌 재흡수 억제제들을 소개하겠습니다.

세로토닌 재흡수 억제제

클로미프라민

가장 잘 알려진 약물은 클로미프라민(Clomipramine, 상품명 Anafranil)으로 1990년에 미국에서는 최초의 공식적인 강박증 치료제로 인정받았습니다. 이 약물에 대한 연구 결과를 보면, 약 80%의 환자에게서 약 50%의 강박증상 감소가 있었습니다.

클로미프라민은 약물의 종류에 따라 분류하면 전통적인 항우울제(삼환계 항우울제)의 일종입니다. 따라서 부작용으로는 다른 삼환계 항우울제와 같은 입마름, 변비, 떨림, 졸음, 땀이 많이 남, 소변이 잘 나오지 않음, 시야 몽롱, 성적 극치감 지연, 체중 증가, 자세 변화에 따른 일시적인 저혈압 등이 있습니다. 대개는 시간이 어느 정도 지나면 신체가 이러한 부작용에 적응해서 실제로 불편감을 많이 느끼지는 않습니다. 아주 드물게 생길 수 있는 부작용으로 조증(에너지가 많아지고, 생각의 속도가 빨라지고, 수면이 감소하고, 활동량이 많아지고, 심하면 현실 판단력이 매우 떨어지는 질환)이나 정신병적 상태(현실감의 상실)가 나타날 수 있습니다. 그리고 아주 드물게 경련이 발생할 수도 있는데, 이는 이 종류의 항우울제 공통의 부작용입니다.

플루옥세틴

플루옥세틴(fluoxetine, 상품명 Prozac)은 1980년대 후반부터 우울증 치료제로 널리 사용되어 왔고, 많은 연구를 통해서 강박증에 대한 효과가 입증되어 1994년부터는 미국에서 공식적인 강박증 치료제로 인정받고 있습니다. 복용 초기에 부작용으로 초조감이나 불안을 경험하는 경우가 있으나, 이전 여러 연구에서 부작용으로 치료를 중단한 사례는 거의 없어 비교적 양호한 내약력을 보여주고 있습니다. 현재 SSRI 중 플루복사민, 서트랄린과 함께 소아 강박증에 대한 공식적인 치료제로 미국 FDA의 승인을 받았습니다.

서트랄린

서트랄린(sertraline, 상품명 Zoloft)은 1990년대 초반부터 우울증 치료제로 널리 사용되어 왔습니다. 또한 많은 연구에서 강박증에 대한 효과가 입증되어 1996년부터 미국에서 공식적인 강박증 치료제로 인정받고 있습니다. 현재 소아 강박증에 대한 공식적인 치료제로 널리 쓰이고 있습니다.

파록세틴

파록세틴(paroxetine, 상품명 Seroxat)은 1993년에 미국에서 우울증 치료제로 인정받았고, 1996년에 강박증 치료제로도 인정받았습니다. 파록세틴은 복용을 갑자기 중단할 경우 혈중 농도가 급격히 감소하면서 초조감, 어지러움, 좌불안석증 등의 증상이 나타날 수 있기 때문에 용량을 서서히 줄이는 것이 좋습니다.

플루복사민

플루복사민(fluvoxamine, 상품명 Luvox)은 1994년에 미국에서 강박증 치료제로 인정받았습니다. 현재 소아 강박증 치료제로 널리 쓰이고 있습니다.

에스시탈로프람(시탈로프람)

시탈로프람(citalopram)은 세로토닌 재흡수 억제제 중 약물 상호작용이 적어 타 약물과 혼용해도 비교적 안전한 약물로 알려져 있습니다. 2001년에 최초로 이중맹 연구를 통해 강박증에 대한 치료 효과가 입증되었고 이후 널리 쓰이고 있습니다.

에스시탈로프람(escitalopram, 상품명 lexapro)은 시탈로프람의 활성 이성체로 매우 선택적으로 세로토닌 시스템에 작용합니다. 최근 우울증에도 널리 쓰이는 약물이기도 합니다.

이와 같은 선택적 세로토닌 재흡수 억제제들은 비교적 최근에 들어서 널리 이용되고 있는데, 실제로 한 약물이 임상에서 사용되기 위해서는 그 안전성을 확인하기 위해서 오랜 시간을 연구, 실험하는 과정을 거칩니다. 따라서 모두 안전한 약물입니다.

많은 사람이 약물을, 특히 정신과 약물을 복용할 때 염려하는 점이 '중독되는가'와 '머리가 나빠지지 않는가'인데, 강박증 치료제는 절대 중독되지 않습니다. 또한 강박증으로 인해 떨어진 대뇌의 기능을 원활한 상태로 회복시켜 주므로 오히려 지적 능력을 더 잘 발휘할 수 있게 해 준다고 할 수 있습니다.

현재 많은 약물이 개발 중이며, 아직 공식적인 승인을 받지는 못했지만 새로운 몇몇 약물이 강박증에 대한 효과가 있는지 연구되고 있습니다.

〈표 3-1〉은 앞에서 설명한 약물들의 이름입니다.

〈표 3-1〉 강박증 치료제 약품명과 상품명

약품명	상품명
선택적 세로토닌 재흡수 억제제	
플루옥세틴(fluoxetine)	프로작(Prozac)
서트랄린(sertraline)	졸로프트(Zoloft)
파록세틴(paroxetine)	세로자트(Seroxat)
플루복사민(fluvoxamine)	루복스(Luvox)
에스시탈로프람(escitalopram)	렉사프로(Lexapro)
비선택적 세로토닌 재흡수 억제제 삼환계 항우울제	
클로미프라민(clomipramine)	아나프라닐(Anafranil)

약물치료의 효과에 대한 연구 결과

수백 명의 환자를 대상으로 한 강박증 치료제의 효과에 관한 대규모 연구가 이루어져 왔습니다. 그 결과를 종합해 보면, 10~12주의 약물치료 기간에 약 75~80%의 환자에게서 증상의 호전이 있었습니다. 그리고 50~60%의 환자에게서는 중등도 이상의 호전이 있었습니다.

물론 약물치료가 별로 도움이 되지 않은 환자도 일부 있었습니다. 그러나 한 가지 약물이 효과가 없다고 해서 다른 약물도 효과가 없는 것은 절대 아닙니다. 따라서 한 가지 약물을 충분한 용량만큼 사용해 보고 효과가 없으면 다음 단계의 약물치료를 받아야 합니다. 이런 방식으로 가장 도움이 되는 약물의 종류와 용량을 정할 수 있습니다.

강박증 치료제의 효과에 대한 연구를 통해서 다음과 같은 사실이 공통적으로 알려졌습니다.

- 강박증상의 호전을 판정하기 위해서는 최소한 6~12주의 기간이 필요합니다.
- 우울증이나 불안에 대한 효과와 구별되는 강박증에 대한 효과가 확인되었습니다.
- 심한 증상에 대해서는 때에 따라 고용량의 약물치료가 도움이 될 수 있습니다.

약물치료는 약물 사용을 중단하면 상당수의 환자에게서 강박증상이 재발하는 것으로 알려졌습니다. 이 점이 약물치료가 인지행동치료와 다른 점입니다. 인지행동치료의 경우에는 치료가 종결되어도 그 효과가 계속 유지됩니다. 그러나 약물치료는 약물 사용을 중단한 지 4~8주가 지나면 강박증상이 다시 나타나는 경우가 많습니다. 따라서 얼마나 오랫동안 약물을 복용해야 하는지는 경과를 지켜보면서 의사와 상의하는 것이 좋습니다.

약물치료를 시작하기 전에 의사에게 알려야 할 사항

약물치료가 효과적이고 안전하게 이루어지기 위해서는 의사가 다음의 내용들을 알고 있어야 합니다.

- 내과적 질환의 여부: 당뇨병, 고혈압, 심장병, 간 질환, 경련성 질환(뇌전증), 빈혈이나 혈액 질환, 녹내장 등의 질환 유무에 따라서 선택할 수 있는

약물과 그 용량이 달라집니다.

● 현재 복용 중인 다른 약물: 심장병이나 고혈압 때문에 복용 중인 약물, 경구 피임제, 항생제, 항우울제 등 정신과적 약물, 기타 어떤 약물 등은 강박증 치료제와 동시에 투여되었을 때 효과나 부작용이 달라질 수 있습니다. 따라서 어떤 종류의 약물이든지 복용 중인 것이 있으면 강박증 치료제를 처방하는 의사가 알고 있어야 합니다.

● 알레르기 반응: 매우 드물게 강박증 치료제에 알레르기 반응을 보이는 경우도 있습니다. 따라서 이전에 어떤 약물에 알레르기 반응을 보인 적이 있으면 이를 의사가 알고 있어야 합니다.

● 커피나 차: 평소 어느 정도의 양을 음용하는지 알면 강박증 치료제 처방에 많은 도움이 됩니다. 이 밖에도 특별히 먹는 것이 있으면 의사에게 알려 주는 것이 좋습니다.

● 직업이나 취미: 위험한 기계를 다루거나 운전을 많이 하십니까? 간혹, 강박증 치료제를 복용하고 나서 졸음이 쏟아지거나 운동신경이 둔해지는 경우가 있어 사고 위험이 있습니다. 그러나 대부분 아주 일시적으로만 그렇습니다.

● 여성의 경우: 임신 중입니까, 아니면 임신을 계획 중이십니까? 아이에게 모유를 먹입니까? 강박증 치료제는 태아나 수유 중인 아이에게 좋지 않은 영향을 줄지도 모릅니다. 하지만 아직 그렇다는 증거는 없습니다. 참고로 아버지가 약물을 복용하는 경우, 또는 어머니가 임신 이전에 약을 복용한 경우는 전혀 아이에게 문제가 생기지 않습니다. 임신이나 수유 문제는 반드시 의사와 상의하는 것이 좋습니다.

약물을 복용하는 방법

클로미프라민(아나프라닐)은 하루에 한 번, 또는 두 번 정도 복용하는 것이 보통입니다. 대개는 25mg(1정)으로 시작하고, 2~4주 동안 100mg 정도로 증량하게 됩니다. 그 후에 좀 더 증량이 될 수도 있습니다. 필요시 250mg 이상 사용할 수도 있습니다.

플루옥세틴(프로작)은 10mg정과 20mg정이 국내에 시판되고 있습니다. 하루에 한 번, 또는 두 번 복용하며, 용량은 대개 10~20mg에서 시작해서 2~4주마다 20mg 정도씩을 천천히 증량합니다. 80mg 이상 사용하기도 합니다.

서트랄린(졸로프트)은 25~50mg(50mg정)으로 시작합니다. 하루에 한 번, 또는 두 번 복용합니다. 2~4주마다 25~50mg씩 증량하며, 250mg 이상 사용하기도 합니다.

파록세틴(세로자트)은 20mg(1정)에서 시작하여 1~2주 간격으로 조금씩 증량할 수 있습니다. 종종 40~60mg 이상 사용합니다.

플루복사민(루복스)은 25~50mg에서 시작하여 1주에 50mg 정도씩 증량합니다. 종종 300mg 이상 사용합니다.

에스시탈로프람(렉사프로)은 하루 10~20mg을 복용하도록 되어 있습니다. 중증의 신장 이상인 경우를 제외하고는 주의사항이 없으나, 간 질환이 있을 경우 의사의 처방에 따라 용량을 낮추기도 합니다.

〈표 3-2〉 미국정신의학회 강박증 약물 가이드라인

(단위: mg)

	시작 용량	유지 용량	권장 최고 용량	최고 용량
시탈로프람	20	40-60	80	120
에스시탈로프람	10	20	40	60
클로미프라민	25	100-250	250	
플루옥세틴	20	40-60	80	120
플루복사민	50	200	300	450
파록세틴	20	40-60	60	100
서트랄린	50	200	200	400

출처: 미국정신의학회 가이드라인, 2006.

＊에스시탈로프람은 시탈로프람의 약리 작용을 나타내는 분자(활성 이성질체)를 분리 제제화한 약제임.

약물치료는 정기적으로 의사의 처방을 받고 이에 따르는 것이 좋습니다. 의사의 처방보다 적은 용량을 복용하면 효과가 약해지고, 더 많은 용량을 복용하면 부작용의 위험이 있습니다.

언제 복용하는 것이 좋은가?

식사 후에 복용하는 것이 좋습니다. 이렇게 하면 약 복용을 잊어버리는 일이 드물고, 또 약 부작용인 구역질이 생기지 않습니다. 빈 속에 복용하면 다소 구역질을 느낄 수도 있습니다. 따라서 약간의 음식물과 함께 복용하면 좋습니다.

약물 복용을 잊어버린 경우에는?

약물 복용을 잊어버리고 시간이 지났다면, 다음 번 복용 시에 두 배로 복용하면 된다고 생각할 수 있는데, 그렇게 하면 오히려 좋지 않습니다. 잊었던 지난 복용을 건너뛰고 처방받은 용량대로 복용하는 것이 좋습니다.

약물을 복용하면 어떤 느낌이 들까?

평소와 다름없습니다. 평상시대로 생각하고, 느끼고, 행동합니다. 학업이나 직장에서의 업무를 수행하는 데 아무런 차이를 발견하지 못합니다. 멀리 여행을 떠나거나 운전을 할 때도 마찬가지입니다. 만약 그렇지 않다면, 의사에게 말하고 용량을 다시 조절해야 합니다.

대부분의 경우 강박증 치료제를 복용한 후에는 혼돈감이 감소하고 삶의 즐거움을 느끼게 됩니다.

강박증 치료제는 몸 속에서 어떻게 되는가?

경구로 복용한 약물은 위장관에서 흡수되어 혈액을 따라 뇌를 포함한 전신에 퍼집니다. 혈액 속에서 약물의 상당 부분은 단백질과 결합되어 있고, 조금씩 단백질로부터 유리됩니다. 그리고 단백질로부터 유리된 약물이 실제로 치료적 효과를 냅니다.

　강박증 치료제는 간에서 대사됩니다. 대사된 약물 또는 대사되지 않은 약물의 형태로 담즙을 통해 위장관으로(대변), 혹은 소변으로 배설됩니다. 간이 강박증 치료제의 대사와 배설에 가장 중요한 기관이기 때문에, 간 질환이 있는 경우나 간에서 대사되는 다른 약물을 복용하는 경우에는 특히 의사가 조절해 준 용량을 잘 따라야 합니다. 물론 소변을 통해서 배설되기도 하지만, 소변을 만들어 내는 역할을 하는 기관인 신장(콩팥)의 기능은 강박증 치료제의 복용에 별로 영향을 미치지 않는 정도입니다.

　강박증 치료제는 강박증을 완전히 없애 주는가?

　현재로서는 강박증을 완전히 없애 주는 방법은 없습니다. 약물치료는 CBT와 마찬가지로 강박증을 조절할 수 있는 효과적인 방법 중 하나입니다. 당뇨병을 없애는 방법은 없지만 인슐린이나 혈당강하제가 당뇨병을 조절해 줄 수 있는 치료법인 것과 마찬가지입니다.

　약물의 효과는 언제 나타나는가?

　사람에 따라서는 약을 복용하면 바로 효과가 나타나길 기대하는 경우가 있습니다. 물론 수많은 약물 중에는 즉각 효과를 보이는 약물도 있지만, 강박증 치료제는 그런 종류의 약물이 아닙니다. 강박증 치료제의 효과는 최소한 2주 이상이 지나야만 나타나기 시작합니다. 따라서 하루이틀 정도만 복용해 보고 효과가 없다고 판단해서는 안 됩니다.

　2주가 지난 후부터 효과가 나타나기 시작해서 5개월까지 점점 효과가 증가합니다. 보통 12주 정도가 지나야 어느 정도 효과가 있는지를 알 수 있습니다.

② 심부뇌자극술

심부뇌자극술(DBS: Deep Brain Stimulation)은 난치성 강박증의 치료에서 최근 주목받고 있는 치료 방법입니다. 이상운동, 난치성 통증 및 뇌전증 등의 질환에서 이용되기도 하며, 파킨슨병, 본태성 진전 및 난치성 강박증의 치료에 미국 식약청(FDA)의 승인을 받은 시술입니다. 국내에서 이미 파킨슨병 등의 운동 질환에 널리 시술되고 있으며, 일부 난치성 강박증 환자에게 시술되어 상당한 효과를 보이고 있습니다.

원리는 강박증 환자의 신체 내에서 이상을 보이는 뇌신경회로에 시술을 통해 미세 전극을 삽입하고 흉부에 삽입되는 자극발생기를 이용해 미세전기자극을 가함으로써 신경회로의 기능을 조절하는 것입니다. 수술 후에도 증상에 따라 외부의 조절장치를 이용해서 전기자극의 강도나 특성을 조정할 수 있는 것이 뇌 수술과 다른 점입니다. 그리고 기존에 효과적으로 시행되던 뇌 수술과 치료 효과는 유사하지만 조직을 파괴하는 수술이 아니고, 효과가 없는 경우 부작용 없이 장치를 제거할 수 있다는 장점이 있습니다. 또한 향후 더욱 발전된 치료법이 나올 경우 병행하거나, 혹은 장치를 제거하고 새 치료법을 적용할 수도 있습니다.

심부뇌자극술은 약물치료나 CBT로 충분한 효과가 없는 증상이 심한 환자들에게 시행하는 치료법으로, 전문의와의 긴밀한 상담과 사전 평가를 통하여 선택적으로 시행되는 경우에 효과를 볼 수 있습니다.

③ 기타의 강박증 치료 방법

정신치료

정신치료는 정신과에서 가장 전통적인 치료 방법으로, 치료자와의 면담 형식으로 이루어집니다. 정신치료의 구체적인 기술은 수백 가지에 달합니다.

강박증이 있는 사람은 강박증상과 싸우느라 고통받고 있으며, 정서적 지지를 필요로 합니다. 약물치료나 CBT와 더불어 강박증상으로 인한 개인적인 고통에 대해서 '지지적 정신치료'가 필요합니다.

고전적인 정신분석 방법은 비용이나 시간에 비해 그 효과가 부족하다는 것이 지배적인 의견입니다.

강박증과 동반된, 혹은 강박증과 무관해 보이는 심각한 심리적인 문제를 지니고 있고, 이러한 갈등을 해소하고 자신에 대한 이해를 넓히고 싶은 경우에는 그에 걸맞는 정신치료를 받는 것이 좋습니다.

전기치료

전기충격요법(ECT: electroconvulsive therapy)은 과거에 강박증 치료에 종종 이용되어 왔습니다. 그러나 그다지 좋은 효과는 없었고, 단지 증상을 약간 완화하는 정도에 지나지 않았습니다. 게다가 전기충격요법 마취, 근이완제 주사 등의 처치가 필요하고, 최근에 있었던 일들을 일시적으로 잊어버리는 등의 부작용이 있습니다.

우울증으로 강박증상이 생긴 경우에는 전기충격요법이 매우 효과적입니다. 전기치료는 우울증 치료에 매우 탁월한 치료 방법이고, 우울증에서 비롯된 강박증상은 우울증이 호전되면 없어지기 때문입니다. 그러나 강박증 자체에 대한 전기충격요법의 효과는 별로 좋은 편은 아니라고 할 수 있습니다.

뇌 수술

뇌를 수술한다는 표현은 끔찍하게 들릴 수 있습니다. 일반적으로 수술을 받는다면 매우 위험한 일로 생각합니다. 그러나 최신 의학 기술은 매우 발전해서 과거처럼 수술 자체로 인한 생명의 위험은 매우 감소하였습니다.

강박증으로 뇌수술을 받게 되는 경우는 매우 드뭅니다. 하지만 모든 종류의 치료 방법에 실패하고, 아주 심한 강박증상으로 고생하는 사람들은 뇌 수술을 받기도 합니다. 이들의 약 80%에서 아주 좋은 결과가 나타났습니다.

앞부분에서 강박증은 대뇌의 앞부분에서 지나친 걱정에 관한 정보가 전달되고 이를 걸러 내는 또 다른 뇌의 구조에 문제가 있기 때문이라고 설명하였습니다. 강박증의 뇌수술은 이러한 신경연결을 부분적으로 차단하는 것입니다.

강박증의 뇌 수술은 영구적으로 뇌의 일부에 손상이 남는다는 점과 전신마취제와 근이완제 사용, 수술에 따른 위험 및 수술 후 회복에 이르기까지의 일시적인 부작용 등이 문제가 됩니다.

뇌수술은 강박증의 보편적인 치료 방법이 절대 아닙니다. 단지 1,000명의 강박증 환자 중에 한두 명 정도가 증상이 매우 심하고 다른 치료 방법이 효과가 없어서 뇌수술이 필요한 정도이며, 최근에는 수술 대신에 더 안전한 심부뇌자극술로 대치되는 추세입니다.

④ 강박증의 경과

발병

강박증상이 문제가 될 정도로 나타나는 연령은 21세 정도라고 알려졌습니다. 남자가 다소 일찍 증상이 생겨 19.5세 정도, 여자는 조금 늦은 나이인 22세 정도입니다. 65%의 환자가 25세 이전에 발병하고, 아주 일찍 발병하는 경우는 2세인 경우도 있습니다. 35세 이후에 발병하는 경우는 15% 미만입니다.

대부분이 '강박증 진단 기준'에 부합할 만큼의 증상을 충분히 보이기 전에 천천히 증상이 시작되는 것을 경험합니다. 그러나 사춘기 이전에 발병한 경우에는 강박증상이 갑자기 시작되는 경우가 많고, '틱' 증상 같은 운동성 증상을 동반하는 경우가 많습니다. 대개의 환자들은 강박증상이 창피하거나 부끄럽다고 생각하여 숨기기 때문에 겉으로 잘 드러나지 않아 치료가 늦어집니다. 미국의 한 보고에 따르면, 증상의 시작부터 전문가의 치료를 받는 데까지 약 17년이 걸린다고 합니다.

강박증의 자연 경과

강박증이 어떤 양상으로 진행되는지, 증상이 어떻게 변화해 나가는지, 혹은 어떤 다른 정신적인 문제가 생기는지 등에 대해서 정확히 알 수 있는 연구는 현재까지는 부족한 실정입니다.

강박증의 경과에 대한 연구들을 종합하여 보면, 대략 다음의 세 가지의 형태로 그 경과가 구분될 수 있습니다.

첫째, 낫지 않고 만성화되는 경과입니다. 둘째, 증상이 완전히 소실되는 기간을 거치면서 호전과 악화가 반복되는 경과입니다. 셋째, 증상이 불완전하게 소실되지만 사회적 기능 수행에 지장을 초래하지 않을 정도의 호전, 그리고 증상의 악화가 반복되는 경과(상당수의 환자가 여기에 속합니다)입니다.

환자의 약 10%는 증상이 점차 악화되어 다른 기능이 점점 떨어지게 됩니다. 호전되는 기간은 얼마나 지속되고 악화되는 기간은 얼마나 지속되며, 얼마나 심한가 등에 대해서는 정확하게 알려진 것이 없습니다. 하지만 일단 강박증상이 나타나면 대개는 평생 지속되는 것으로 보입니다.

강박증에 대한 효과적인 치료법(약물치료 및 CBT)이 널리 사용되면서부터는 수년 동안의 추적 기간에 증상이 매우 호전되어 가는 양상으로 그 경과가 변하고 있습니다.

'고혈압'과 '당뇨병'을 생각해 보십시오. 그 병 자체의 완전한 치료는 극히 일부의 경우에만 가능합니다. 그러나 약물치료와 생활습관의 변화 등을 통하여 정상적인 혈압과 정상적인 당 조절로 일상생활이 가능합니다. 질병 중 상당히 많은 경우에 그 병의 조절을 통하여 정상적인 기능을 하게 하는 것이 치료입니다. 현재까지는 강박증의 치료도 이와 유사합니다.

그러나 앞으로 새로운 치료법이 개발되면, 치료 반응 및 예후가 더욱 좋아지리라 확신합니다.

예후

치료 후에는 환자의 25%가 상당히 회복, 45%는 중등도 회복, 그리고 30% 정도는 변함이 없거나 악화된다고 보고되어 있습니다. 강박사고의 내용이 좋지 않으면 예후도 좋지 않을 것이라고 예상할 수 있지만, 강박사고의 내용과 예후는 전혀 관련이 없습니다.

인지행동치료를 시작하기에 앞서

    지금까지 강박증의 일반적인 특징에 대해 알아보았습니다. 그러나 강박증의 증상과 예후는 사람마다 매우 다양합니다. 인지행동치료(CBT)에서는 여러분이 자신의 강박증상에 대해 가장 잘 알고 있는 사람이라는 점을 중요하게 생각합니다. 자신의 증상에 맞추어 CBT 프로그램을 시행해 나가는 것이 중요하기 때문입니다. 스스로 주도적으로 CBT를 실시해 나갈 수 있도록 자신의 증상에 관한 한 최고 전문가인 여러분의 참여가 꼭 필요하다는 점을 반드시 유념하여야 합니다. 이제 다음에는 CBT에 대한 자세한 내용이 이어집니다.

PART 02

자기주도 프로그램

제4장

CBT for OCD: 강박증의 자기주도 프로그램 소개하기

▶▶▶

약물치료에 대해서는 들어보았지만 인지행동치료에 대해서는 거의 들어본 적이 없는 B군은 인지행동치료가 어떤 것인지 담당 선생님에게 물어보았습니다. 담당 선생님은 인지행동치료는 스스로 증상과 불안함을 조절하여 증상을 이길 수 있는 방법을 배우고 익히는 치료라는 설명과 함께, 수개월 이상 꾸준히 치료를 받는 동안 정기적으로 병원에 방문하여 훈련을 하고 또 그 사이에 과제를 받아서 열심히 해야 한다는 것을 강조하였습니다.

B군은 결국 스스로의 의지를 통해 증상을 조절하는 것이라면 꼭 많은 시간과 돈을 들여서 받을 필요가 있는 치료인지 궁금해져서 이를 담당 선생님에게 물어보았습니다. 담당 선생님은 본인 스스로 노력할 뿐만 아니라, 강박증상을 단계적이고 체계적인 방법으로 변화시키고 조절하는 방법을 경험 많은 전문가에게 배우고 훈련하는 과정이 수반되기 때문에 인지행동치료를 통해서 좋은 치료 효과를 볼 수 있다고 설명해 주었습니다. 이 설명을 듣고서 B군은 약물치료와 함께 인지행동치료를 받기로 결정하였습니다.

1 인지행동치료(CBT)란?

'인지-행동 정신 치료'라고도 불리는 이 치료 방법은 기본적으로 강박사고로부터 야기되는 불편감을 가라앉히고 강박행동을 줄일 수 있는 방법을 배우도록 도와줍니다. 약물치료와 마찬가지로 CBT 역시 증상을 완화시키는 데 목적이 있지만, 치료 원칙에서는 다소 차이가 있습니다. 우리가 흔히 알듯이, 약물치료는 전문의가 환자의 증상에 맞추어 적절하게 약을 처방하고 환자는 처방에 맞추어 약을 복용한 후 그 치료 효과 여부를 보게 되어 있습니다. 여기에서 환자의 역할이라면 단지 의사의 처방에 맞추어 제때에 약을 복용하는 정도로 매우 수동적이라고 볼 수 있습니다.

반면에 CBT에서 환자의 역할은 약물치료에서와는 비교도 되지 않을 만큼 적극적이고 주체적이라고 볼 수 있습니다. 우선 CBT에서는 강박증상으로 인한 불편감을 감소시키거나 강박행동을 줄이는 것도 상당 부분 환자 개인의 의지와 노력 여하에 달려 있다고 보고 있습니다. 물론 치료자의 역할도 있습니다. 치료자는 환자의 특성에 맞추어 그가 수행할 수 있는 적절한 프로그램을 마련하고, 불편감을 감소시키고 강박행동을 줄일 수 있는 방법들을 제시해 줍니다. 그러나 이는 환자가 약물치료에서처럼 가만히 있어도 효과가 나타나는 것이 아니라 그런 방법들을 상기하고 부단히 연습하여 마치 습관처럼 익숙하게 사용할 수 있어야 하며 궁극적으로는 환자 자신이 증상에 맞서 적극적으로 싸워 이겨야 합니다.

② CBT의 목적

앞서 언급했듯이 CBT는 환자 스스로 강박증에 대한 치료자가 되는 것을 목표로 하고 있습니다. CBT 치료자들은 환자가 직접 치료자가 되어 강박증상을 다스리고 적절한 해결책을 모색할 수 있는 강력한 인지적·행동적 전략들을 제시합니다. 여러분의 몫은 그러한 전략들을 충분한 연습과 과제 수행 등을 통해 완전히 자기 것으로 만들어 강박증상에 맞서 싸우는 것입니다. 그리고 승리자가 되어 증상을 스스로 조절하게 되는 것입니다.

우리의 행동은 그 행동의 결과에 지배받는다고 할 수 있습니다. 강박적인 습관들, 예를 들면 손 씻기, 확인하기, 순서에 맞춰 정리하기 등의 행동이 결과적으로 강박적인 걱정과 공포를 강화한다는 점을 쉽게 알 수 있습니다. 즉, 강박적인 습관들은 적어도 일시적으로 강박사고와 관련된 긴장, 걱정, 불안감을 줄여 줌으로써 이러한 강박적인 습관들을 강화합니다. 하지만 '노출과 반응 방지'라는 행동치료 전략은 불안을 유발하는 자극에 노출시킨 후 강박적인 행동을 하지 못하게 하는 반응 방지를 통해서 결과적으로 강박적인 행동과 강박적인 걱정을 감소시킵니다.

③ CBT의 핵심 개념

말 그대로 CBT는 인지치료와 행동치료가 합해진 것입니다. 여기에서 각각의 치료가 어떤 것인지를 간단하게 짚고 넘어가겠습니다.

우선 인지치료의 개념을 살펴보겠습니다. '인지'란 한 사람이 자신과 세상을 바라보는 스타일, 생각하는 방식, 어떤 사건에 대해서 평가하거나 판단하는 경향, 그가 지니고 있는 신념이나 믿음의 내용 등으로 구성됩니다. 고대의 한 철학자는 "우리는 자신에게 일어나는 사건 때문에 마음고생을 하는 것이 아니다. 오히려 자신이 그 사건을 바라보고 평가하는 방식 때문에 고통을 받게 된다." 라고 하였습니다. 이것이 바로 CBT의 기본적인 가정입니다. 즉, 인지치료의 기본 원칙은 개인의 감정이나 행동은 주로 그가 세계를 구조화하는 방식, 다시 말해 어떻게 세상을 바라보고 생각하느냐에 영향을 많이 받는다는 것입니다. "세상 일이라는 게 마음먹기 나름이다."라는 말이 있듯이, 실제로 우리가 세상을 살아가는 데서 느끼는 희로애락과 여러 행동은 실상 우리가 세상을 어떻게 바라보고 생각하는가에 영향을 많이 받습니다.

비슷한 예로, 똑같이 물이 반이 남은 유리잔을 보고 어떤 사람은 '반이나 남았구나.' 하고 안도감을 느끼기도 하고 또 다른 사람은 '반밖에 없구나.' 하고 조급하고 초조해하는 것을 볼 수 있습니다. 분명히 유리잔과 물을 어떻게 보느냐에 따라 감정이 영향을 받은 것이라고 할 수 있지요. 인지치료에서는 감정과 행동에 영향을 주는 그러한 생각들을 다룹니다. 객관적인 근거 없이 막연하게 스스로를 비관하거나 최악의 상황을 예상하는 등 이미 몸에 배어서 자동적으로, 혹은 습관적으로 나오는 비합리적이고 부정적인 사고들을 하나하나 확인하면서, 대안적이고 보다 합리적이며 긍정적인 생각들을 모색해 보고 실천해 보는 작업을 합니다.

다음으로 행동치료에 대해 알아보겠습니다. 행동치료에서 주로 관심을 가지는 것은 강박행동입니다. 여기에는 손을 씻거나 문이 잠겼는지를 확인하는 등의 외현적 행동뿐만 아니라 머릿속으로 주기도문을 외우고 특정 심상을 떠올리는 것과 같은 내현적 행동도 포함됩니다.

행동치료는 앞서 보았던 인지치료의 보다 적극적이고 외향적인 방법입니다. 사람의 감정이나 행동에 사고가 영향을 준다는 점은 앞에서도 언급했습니다. 재미있는 것은 그 반대 방향으로 영향이 미칠 수도 있다는 것입니다. 다시 말해, 사고, 감정, 행동들은 일방향적으로 영향을 준다기보다는 순환적입니다. 사고가 감정과 행동에 영향을 주지만, 반대로 행동이 사고를 변화시킬 수도 있습니다. 예를 들면, 모든 일에 부정적인 결과만 예상하는 사람이 있다고 합시다. 그는 자신이 무가치하고 아무 능력이 없어 무슨 일을 하든 실패할 것이라고 생각합니다. 그런 그가 치료자의 적극적인 권유와 격려에 힘입어 작지만 어떤 성공을 거둔다면 이제까지 해 온 자신의 생각이 틀렸다는 것을 깨닫게 됩니다. 그는 아마도 이렇게 생각할 것입니다. '그래, 내 능력이 남들 이상으로 뛰어나지는 않을지 몰라. 하지만 그렇다고 모든 일을 다 못한다고 할 수는 없어. 지금처럼 내가 잘하는 것들이 분명히 있다고! 그리고 한 가지에서 실패했다고 해서 모든 일에 좌절할 필요는 없는 거야.' 여기에서 분명 그는 이제까지와는 다른 생각을 하게 되었습니다. 물론 행동을 통해 실험을 해 본 결과죠. 행동치료는 이와 같이 행동을 통해서 생각이나 감정을 변화시킬 수 있다는 믿음에 입각한 것입니다.

지금까지 인지치료와 행동치료에 대해 알아보았습니다. 이런 인지치료와 행동치료가 결합된 CBT는 각 치료의 장점을 최대한 살리며 환자가 자신의 증상에 대한 치료자가 될 수 있도록 적절한 치료적 전략을 제시합니다. 이제까지 살펴본 내용을 간단히 요약해서 CBT의 핵심 개념을 정의한다면 다음과 같습니다.

● 사고(생각)는 행동에 영향을 준다.
● 자신의 사고(생각)는 탐색할 수 있으며 변화시킬 수 있다.
● 사고의 변화를 통하여 원하는 행동의 변화를 가져올 수 있다.

따라서 CBT는 강박증상을 지니고 있는 여러분 각자의 비합리적인 생각들을 확인해 보고 그에 대항할 수 있는 대안적인 사고를 찾아본 후에, 이를 실제 생활에 적용하여 확인해 보는 인지적·행동적 작업이 주된 과정이라고 할 수 있습니다.

　CBT 프로그램을 배우기에 앞서 다음과 같은 질문들이 여러분의 마음속에 있지 않은지 살펴보기 바랍니다. 많은 분이 CBT를 시작할 때 많은 걱정을 하기도 합니다. 이러한 걱정에 대해 CBT가 어떻게 접근하는지를 소개하겠습니다. 이를 '변화에 대한 공포에 대응하기'라고 이름 붙여 보겠습니다.

인지행동치료를 시작할 때의 다섯 가지 도전

　인지행동치료를 새로 시작하면서 흔히 갖게 될 수 있는 두려움이나 의구심을 떨치기 위한 다섯 가지 전략을 소개합니다.

도전 1. 당신의 증상을 정복하려는 결심을 세운다

　지금이 강박증상을 정복하기 위한 가장 좋은 기회임을 알아야 합니다. 또 강박증상을 극복할 수 있다고 믿고 위험을 감수하고서라도 새로운 행동을 시도해야 합니다. 새로운 행동을 시작하지 않는다면 당신의 증상을 바꾸기는 어렵습니다. 불안감을 줄이기 위해 의례적으로 하던 행동을 하지 않는 도전을 함으로써 자신이 느끼는 불편감에 대응할 가능성을 열 수 있습니다.

도전 2. 당신의 걱정들이 불합리하다는 생각을 한다

　강박증은 일종의 불안장애일 뿐이며, 비현실적인 문제에 불안함을 느껴 집착하는 것입니다. 당신의 일상생활을 옥죄는 의례적 행동에서 벗어나는 것은 두려움을 떨치기 위해서 혹은 안전을 보장받기 위해서 자신이 꼭 해야 한다고 생각해 온 행동들이 사실은 불합리한 믿음에 기반을 둔 것이므로 이에 도전하는 것으로부터 시작될 수 있습니다.

도전 3. 강박행동을 하는 것이 고통을 줄이는 유일한 방법이 아님을 이해한다.

강박증을 지닌 사람은 강박행동을 하지 않으면 고통이 절대로 없어지지 않을 것이라고 생각합니다. 이런 생각을 하고 있다면 그러한 믿음에 기꺼이 도전해 봐야 합니다. 새로운 행동을 시도하지 않고서는 강박행동을 그만둘 수 없으며, 그러기 위해서는 용기가 필요합니다.

도전 4. 흑백논리나 완벽주의적 사고방식을 버린다.

강박증을 가진 많은 사람이 흑백논리 또는 완벽주의적인 생각을 합니다. 강박증이 완치되기 어려우니 치료를 위한 노력은 아무 소용이 없다는 생각도 그러한 생각의 대표적인 예입니다. 하지만 완벽하게 강박증상이 뿌리 뽑히지 않고 증상이 가벼워지는 것만으로도 일상생활이나 주변 사람과의 관계가 상당히 개선될 수 있습니다.

도전 5. 패배주의적인 태도를 버린다

여태까지 시도해 본 치료에 성공하지 못했다고 해서 이번에도 실패하리라는 법은 없습니다. 진짜 실패는 아직 해 보지도 않은 것을 시도조차 하지 않는 것입니다. 설령 전에 CBT에 실패한 경험이 있다고 하더라도, 새로운 마음으로 다시 시작하여 좋은 결과를 얻은 경우가 많이 있습니다. 이전에 CBT에 실패한 경험이 있다고 하더라도, 나이가 많다고 하더라도, 자기주도 CBT로 효과를 볼 수 없다고 단정 지을 수 있는 사람은 없습니다.

제5장

노출과 반응 방지

B군은 인지행동치료를 받기 시작하면서 강박증에 대한 안내 및 소개, 그리고 인지행동치료의 원리와 향후 진행 일정에 대한 강의를 듣고, 이어서 본격적으로 노출 및 반응 방지 훈련에 들어가게 되었습니다. 처음 시작할 때는 결국 찜찜하고 불안하여 힘들어도 그냥 참으라는 것이 아니냐는 생각이 들기도 하였으나, 불안감을 자극하는 걱정거리에 대해서 치료 시간에나 집에서 스스로 복습하였으며, 불안감이 들 때는 인지행동치료 시간에 배운 호흡법이나 이완 훈련 등이 큰 도움이 되었습니다.

문을 잠갔는지, 가스레인지를 껐는지 확인했어도, 다시 들여다보지 않으면 불안해서 미칠 것 같고 식은땀이 나는 경험을 해 오던 B군은 노출 및 반응 방지 훈련을 시작했을 때, 처음에는 한 번 확인한 뒤에 다시 확인하지 않는 것을 상상하기만 해도 어지럽고 식은땀이 나고 가슴이 두근거렸습니다. 담당 선생님은 확인하고 나서 15분 동안은 다시 확인하지 않는 것을 먼저 연습해 보자고 하였습니다.

제5장과 제6장은 자기주도 CBT 프로그램을 시작하는 단계입니다. 여러분의 증상에 맞춘 CBT가 이루어지려면 먼저 자신의 증상에 대해서 정확히 평가하고, 이에 대한 프로그램의 계획을 단계적으로 확립하는 것이 가장 중요합니다.

❶ 일상생활에서의 노출

　일상생활에서의 노출이란, 실생활에서 긴장을 유발하는 상황, 사물, 이미지에 장기적으로 일대일로 대면하는 것을 의미합니다. 여러 유형의 강박증상을 위한 일상생활 노출의 예를 들어 보겠습니다.

〈표 5-1〉 **다양한 강박증에 대한 일상생활 노출 예**

씻기	'오염된' 사물, 사람이나 장소를 접한 후에도 씻지 않기
확인하기	오직 단 한 번만 조명, 가스레인지, 그리고 가전제품들을 껐는지 확인하기, 또는 아이들이 노는 곳을 운전해서 지나갈 때, 아이를 칠지도 모른다는 압도적인 감정을 느끼더라도 돌아보지 않고 계속 직진해 운전하기
순서에 맞춰 정리 하기	집 안 가재도구들을 '불완전한' 상태(약간 어질러진 채)로 두기, 중심에서 비끼게, 또는 안 맞는 각도로 놔두고 이를 제대로 놓거나 균형을 맞추거나 고쳐 놓지 않기

　'강박증상에 의도적으로 노출하기'는 괴로움을 주는 사고들을 반복해서 기록하거나 녹음한 후에 반복해서 듣는 등 일부러 강박증상을 반복적으로 생각하는 것으로, 그런 사고들을 회피하거나 저항하는 등 대응하지 않고 단순히 그런 사고가 떠오르도록 두는 것입니다.

　효과적인 일상생활 노출은 두 가지의 중요한 규칙을 반드시 따라야만 합니다. 첫째는 공포, 두려움, 의심, 그리고 회피를 하게 하는 상황들을 의도적으로, 생생하게 재연해야만 한다는 것입니다. 둘째는 습관화를 통해 불안감이 감소되는 기간이 얼마나 걸리든 그 기간에는 노출이 연장되고 지속돼야 한다는 것입니다. 불안감이 견딜 만한 수준에 도달하는 시간은 짧게는 몇 분에서부터 길게는 몇 시간까지 개인마다 다릅니다.

노출은 특정한 상황에서 위험과 피해를 평가하고 해석하는 방식을 바꾸게 합니다. 한번 '차가운 물의 풀장엔 뛰어들기'를 상상해 보십시오. 처음엔 물의 차가움을 느끼지만, 우리의 뇌는 별반 노력을 하지 않아도 자연스럽게 적응(또는 습관화)하여 몇 분이 지나면 물의 이질적인 느낌이 아무렇지도 않게 느껴지게 됩니다. 풀장의 물이 바뀐 게 아니라 물의 온도를 해석하는 인간의 뇌가 변한 것입니다. 효과적인 노출은 뇌에 강박증의 신호를 재해석 또는 재평가하는 기회를 줍니다.

강박사고를 재해석하는 예를 들어 보겠습니다.

〈표 5-2〉 **강박사고와 재해석된 사고**

강박사고	재해석된 사고
오염 공포: "이걸 하는 건(만지는 건) 극도로 위험해."	"이걸 만진다고 해도 끔찍한 일은 일어나지 않을 테니 한번 만져 보자."
의례적인 행동: "이 행위를 여러 번 해야 해."	"이건 한 번만 해도 충분해."
강박사고: "이런 나쁜 생각을 하다니 난 아주 못됐나 봐."	"그냥 어리석은 강박생각일 뿐이야."
확인 행동: "혹시 다친 사람이 없는지 몸을 돌려 확인해 봐야 해."	"몸을 돌려 확인한다면 강박사고가 더 악화될 뿐이야."

재난과 관련된 공포증은 실생활에서 재연하기 어렵다는 점을 명심하십시오. 중병에 걸리거나 죽을지도 모른다는 먼 미래에 관련된 공포에 대해 노출할 수는 없습니다. 실생활에서 맞부딪히기엔 너무도 복잡한 공포도 있으며, 재연하기엔 너무 실질적이지 않은 공포도 존재합니다. 이런 공포들의 예로는 타인을 중병에 걸리게 하거나 죽게 할 것이라는 공포, 불법적이거나 비도덕적인 행위를 해서 옥살이를 하게 되리라는 공포 등이 있습니다. 이런 상황에서는 심상 노출법이 유용합니다. 이는 공포를 주는 상황을 장기간에 걸쳐 머릿속에 떠올리거나 상상

하는 방법입니다. 이어지는 제7장에서 심상 노출법에 대해 다룰 것입니다.

② 반응 방지

노출이 효과적이기 위해서는 강박사고에서 비롯된 불안감이나 불편함을 경감시키거나 누그러뜨리는 모든 행동을 제거하거나 막거나 확실하게 제한해야 합니다. 반응 방지란 불안감이나 불편함을 경감시키는 강박행동을 타인이 못 하도록 감독해 주거나 스스로 제어하도록 막아 주는 것을 말합니다. 간단히 말하면, 반응 방지란 일상적으로 하는 강박행위들을 못하도록 하는 것입니다. 그 행위가 제어되면, 뇌는 공포를 유발하는 상황에 자연스럽게 습관화될 기회를 얻게 됩니다. 이렇게 되면 공포를 주는 상황에 대해 이전 같은 부적응적인 해석 대신에 더욱 현실적이고 적응 가능한 해석을 할 수 있게 됩니다.

행위를 제어하지 못하면 불안감이 쌓입니다. 노출과 마찬가지로 효과적인 반응 방지를 위해서는 그 기간이 충분히 길어야 불안감 유발 자극과 강박행위 사이에 이미 익숙해진 연결고리를 끊을 수 있습니다. 예를 들어, '오염된' 문 손잡이와 자신을 보호하기 위해 즉시 손을 씻고 싶은 욕구 사이의 연관관계를 고려해 봅시다. 반응 방지를 하는 데는 강박행동을 함으로써 긴장과 공포를 줄이고 싶은 압도적인 욕구에 직면해서 심한 불편을 인내하겠다는 의지가 필요합니다.

자기주도 CBT 프로그램에서 배우게 되는 핵심 기술 중의 하나가 바로 반응 방지입니다. 이때 의례적인 강박행동을 바꾸려는 강력한 의지가 필요합니다. 반응 방지는 행동을 지연하거나 시간을 줄이거나 속도를 천천히 하거나 완전히 제거함으로써 가능해집니다. 이렇게 하면 지금까지 회피해 온 불안, 의심, 공포, 그리고 두려움을 피하지 않고 직면할 수 있게 됩니다. 반응 방지가 점차 불편하게 느껴지지 않는다면, 강박사고가 개선될 만큼 충분히 자신의 습관적인 반응을 저지할 수 있게 되었기 때문입니다. '불편함을 인내하겠다'는 결정은 어떤 행동을 하거나 통제하지 않고 '그냥 느끼겠다' 또는 '그냥 두겠다'는 뜻이며, 강박증의 족쇄로부터 자유로워지기 위한 성장에 크게 기여할 것입니다.

반응 방지의 다른 예는 다음과 같습니다.

- 뭔가 '오염이 된' 것을 만진 후 온종일(또는 그 이상) 손을 씻지 않기
- 안심시키는 말 듣지 않기. 예를 들면, 배우자나 동거인에게 부드럽지만 확고하게 강박증과 관련해서 안심시키는 말을 해 주지 말라고 당부할 수 있습니다. 안심시키는 말을 듣고 싶어 하는 욕구는 오염, 타인의 안전 또는 불법적이거나 비도덕적인 행위와 관련된 강박증에서 크게 나타납니다. 내부에서 점점 커지는 의혹이 스스로 가라앉을 때까지 인내하도록 노력합니다.
- 운전하면서 사람을 친 듯한 느낌이 들 때에도 이를 확인하기 위해 몸을 돌리지 않기. 그러한 공포가 불편한 수위까지 도달하도록 놔두고 몸을 돌려 확인해 보고 싶은 욕구에 따라 행동하지 않아야 합니다.
- 문을 잠갔는지, 또는 가스레인지 불을 껐는지를 일단 한 번 확인한 후에 정해진 시간 동안(예: 30분)에는 재확인하는 행위를 하지 않고 미루기

변화에 대한 준비하기: 자기 평가

▶▶▶

본격적으로 노출 및 반응 방지 훈련을 시작하면서, B군은 설명을 들었을 때 겁을 먹은 것만큼 이 과정이 어려운 것은 아니라는 생각이 들었습니다. 또한 스스로 느끼는 불안감의 정도를 표시해 보면서 자신의 불안감이 시간에 따라 변화하는 것을 보게 되자, 자신의 증상을 조절하는 것이 불가능하지만은 않다는 생각도 들기 시작했습니다.

이번 장에 들어가기에 앞서 자신의 강박증상을 평가해 보기 바랍니다.

한국판 예일–브라운 강박 척도

(Korean version of Yale-Brown Obsessive-Compulsive Scale: K-YBOCS)

최근의 연구에 따르면, 보통 사람들도 강박사고와 강박행동을 종종 경험한다고 합니다. 다음의 질문지를 작성하는 동안 아래에 있는 강박사고와 강박행동에 대한 정의를 염두에 두기 바랍니다.

강박사고는 반복해서 떠오르는 원치 않는 괴로운 생각, 장면, 충동들을 뜻합니다. 강박사고들은 당신이 의도하지 않았는데도 일어날 수 있습니다. 또한 당신이 느끼기에 이것들은 불쾌하고, 의미가 없을 수도 있으며, 당신의 성격과는 맞지 않을 수도 있습니다.

강박사고의 예로는 당신이 절대 그러지는 않을지라도 아이를 해할지도 모른다는 생각이나 충동이 반복적으로 떠오른다거나, 주방용 세제 때문에 오염이 되거나 질병을 앓게 될지도 모른다는 생각이 지속되는 것을 들 수 있습니다.

이런 강박사고는 걱정과는 다르다고 할 수 있습니다. 걱정은 당신이 일어나지 않았으면 하고 바라는 생활 문제들과 관련이 있으며, 실제로 일어날 가능성이 있는 부정적인 일들에 관한 것입니다. 예를 들어, 당신은 시험에 떨어지는 것에 대해, 돈 문제에 대해, 건강에 대해, 혹은 인간관계에 대해 걱정할 수 있습니다. 보통 그러한 걱정은 완전히 의미가 없거나 불쾌하거나 당신의 성격과 맞지 않는 것처럼 보이지는 않는다는 점에서 강박사고와 차이가 있습니다.

강박행동은 당신이 의미가 없거나 과하다고 생각할지라도 왠지 해야 할 것 같은 행동들을 뜻합니다. 대개 강박행동은 강박사고에 대한 반응으로나 어떤 규칙에 따라서, 혹은 특정한 방식으로 행해집니다. 때때로 당신은 그 행동들을 하지 않으려고 저항하고 노력해 보지만, 그 행동들을 하지 않기는 아주 어렵습니다. 당신은 그 행동을 다 할 때까지는 줄어들지 않는 불편감을 경험할 수도 있습니다.

강박행동의 예로는 집을 나가기 전에 전자제품, 수도꼭지, 현관문을 반복해서 점검하거나, 손을 반복해서 씻는 것을 들 수 있습니다. 대부분의 강박행동은 겉으로 보이는 행동들이지만, 어떤 행동들은 겉으로 보이지 않으며 생각만으로 하는 것도 있습니다. 예를 들어, 말이나 행동으로 하지 않고 머릿속으로 점검하거나, 나쁜 생각이 떠오를 때마다 혼자 무의미한 어구를 암송하는 것 등이 있습니다.

강박행동과 과식하는 것, 도박하는 것, 술을 마시는 것, 쇼핑을 지나치게 많이 하는 것과 같은 여러 '중독 행동'을 혼동하지는 마십시오.

이와 같은 정의에 따라 다음 K-YBOCS(설순호 외, 2013)의 '강박증상 목록'의 각 문항을 주의 깊게 읽고

1) 당신이 현재 경험하고 있는 강박사고 및 강박행동에 모두 체크해 주십시오.

2) 이 중 당신의 주문제라고 생각하는 문항 번호 옆에 'P'(principal) 표시를 해 주십시오.

〈강박증상 목록〉

	공격적 강박사고	
1	나 자신에게 해를 입힐까 봐 매우 두렵다. (예: 날카로운 물체를 다룰 때 두려움)	☐
2	다른 사람에게 해를 입힐까 봐 매우 두렵다. (예: 열차 앞으로 누군가를 밀어 버릴지 모른다는 두려움, 누군가의 감정을 상하게 할 것 같은 두려움)	☐
3	마음속에 폭력적이거나 무서운 장면이 떠오른다. (예: 살인하는 장면, 토막 난 시체)	☐
4	음란한 말이나 무례한 말을 무심코 내뱉을까 봐 매우 두렵다.	☐
5	무언가 창피한 행동을 할까 봐 매우 두렵다. (예: 사회적 상황에서 바보처럼 보이는 것)	☐
6	원치 않는 충동을 행동으로 옮길 것 같아 매우 두렵다. (예: 친구를 칼로 찌르는 것)	☐
7	물건을 훔칠 것 같아 매우 두렵다. (예: 쇼핑 중에 물건을 슬쩍 해 오는 것)	☐
8	충분히 주의하지 않아서 다른 사람에게 해를 끼칠까 봐 매우 두렵다. (예: 뺑소니 사고)	☐
9	나의 책임으로 그 밖의 무언가 끔찍한 일이 생길까 봐 매우 두렵다. (예: 집을 비우기 전에 확인을 하지 않아 화재나 도난 사건이 일어나는 것)	☐
	오염 강박사고	
10	신체 배설물이나 분비물에 대해 걱정하거나 혐오한다. (예: 대소변, 침)	☐
11	더러운 것이나 병균에 대해 걱정한다. (예: 손잡이를 만질 때 병균이 옮을 것 같음)	☐
12	환경 오염물질에 대해 지나치게 걱정한다. (예: 석면, 방사능, 독성 폐기물)	☐
13	특정한 가정용 세제에 대해 지나치게 걱정한다. (예: 락스, 유기용매)	☐
14	동물에 대해 지나치게 걱정한다. (예: 곤충, 개 등을 만져서 오염될 것 같은 두려움)	☐
15	끈적거리는 물질이나 찌꺼기에 신경이 쓰인다. (예: 접착테이프가 오염물질을 포함하고 있을 것 같은 두려움)	☐

16	오염물질로 인해 내가 병에 걸릴 것 같아 걱정한다.	☐
17	내가 적극적으로 오염물질을 퍼뜨려서 다른 사람을 병들게 할 것 같아 걱정한다. (예: 유독물질을 만진 후 다른 사람을 만지는 것)	☐

성적 강박사고		
18	마음속에 금지된 또는 변태적인 성적인 생각, 장면, 충동이 떠오른다.	☐
19	마음속에 어린아이 또는 근친상간과 관련된 내용의 성적인 생각이 떠오른다. (예: 자녀나 다른 아이들에게 성적으로 치근덕거리는 생각)	☐
20	마음속에 동성애와 관련된 내용의 생각이 떠오른다. (예: 전혀 근거가 없음에도 '내가 동성애자일까?'라는 생각이 떠오름)	☐
21	누군가를 향해 공격적으로 성적인 행동을 하는 생각이 떠오른다. (예: 낯선 사람이나 친구, 가족들을 향해 폭력적인 성적 행동을 하는 장면)	☐

축적/절약 강박사고		
22	무언가를 쌓아 두거나 절약해야 한다는 강박사고가 있다. (예: 겉으로 보기에 중요하지 않은 물건조차도 미래에 필요할지 모른다는 생각에 갖다 버리는 것을 걱정함)	☐

종교적 강박사고(정직함)		
23	신성모독 또는 불경스러움에 대해 걱정한다. (예: 신성모독적인 말이나 행동으로 인해 처벌받을 것을 두려워함)	☐
24	도덕성에 대해 지나치게 걱정한다. (예: 항상 옳은 일을 해야 함)	☐

대칭 또는 정확성에 대한 욕구와 관련된 강박사고		
25	대칭과 정확성에 대한 강박사고가 있다. (예: 서류와 책들이 똑바로 정렬되어 있는지 걱정함, 계산과 필기가 완벽하게 되었는지를 걱정함)	☐

기타 강박사고		
26	특정한 무언가를 알거나 기억하고 있어야 한다. (예: 자동차 번호판, 배우 이름 등)	☐
27	특정한 무언가를 말할까 봐 매우 두렵다. (예: 숫자 '4', 특정 단어)	☐
28	딱 알맞은 말을 하지 못할까 봐 매우 두렵다. (예: 틀린 것을 말할까 봐 걱정)	☐
29	물건을 잃어버릴까 봐 매우 두렵다. (예: 지갑, 메모지 등)	☐
30	마음속에 폭력적인 내용은 아니지만 어떤 장면이 자꾸 떠올라 신경이 쓰인다.	☐
31	마음속에 무의미한 소리, 단어, 음악이 자꾸 떠올라 신경이 쓰인다.	☐
32	특정 소리나 소음에 신경이 쓰인다. (예: 시계의 똑딱거리는 소리)	☐
33	나에게는 행운 또는 불행의 숫자가 있다. (예: '13'이라는 숫자를 걱정하여 행운의 시간이 될 때까지 활동을 미룸)	☐

34	나에게 어떤 색깔은 특별한 의미를 지닌다. (예: 검은색은 죽음을 뜻함)	☐
35	미신적인 두려움이 있다. (예: 장례 차를 지나갈 때 두려움)	☐

신체적 강박사고

36	질병에 걸릴까 봐 걱정한다. (예: 암, 심장병, 에이즈)	☐
37	신체의 어떤 부위 또는 외모에 대해 지나치게 염려한다. (예: 몸이나 얼굴 모양이 변형되는 것에 대한 공포)	☐

청결/세척 강박행동

38	지나치게, 또는 일정한 방식으로 손을 씻는다. (예: 오랜 시간 손이나 팔을 씻음)	☐
39	지나치게, 또는 일정한 방식으로 샤워, 목욕, 양치질, 몸치장, 배변행위 등을 한다. (예: 몇 시간씩 샤워를 하고, 순서가 잘못되면 처음부터 다시 시작하기도 함)	☐
40	가정용품이나 기타 물건을 지나치게, 또는 일정한 방식으로 청소한다. (예: 수도꼭지, 화장실, 주방 기구 등을 지나치게 청소함)	☐
41	오염물질과의 접촉을 미리 막거나, 또는 오염물질을 제거하기 위한 다른 수단을 사용한다. (예: 가족들에게 대신 만져 달라고 부탁하기, 장갑 끼고 만지기)	☐

확인 강박행동

42	다른 사람에게 해를 입히지 않았는지 확인한다. (예: 내가 알지 못하는 상태에서 누군가에게 상처를 입히지 않았는지를 주변에 확인)	☐
43	나 자신에게 해를 입히지 않았는지 확인한다. (예: 날카롭거나 깨지기 쉬운 물건을 만진 후 다치지 않았는지 확인)	☐
44	끔찍한 일이 일어나지 않았는지 확인한다. (예: 내가 했다고 믿는 끔찍한 일에 대해 신문을 뒤지는 것)	☐
45	실수를 하지 않았다는 것을 확인한다. (예: 집을 나설 때 문을 잠갔는지, 가스레인지 불을 껐는지, 콘센트에서 전기 코드를 뺐는지 등을 반복해서 확인)	☐
46	신체적 강박사고와 관련된 내용을 확인한다. (예: 암에 걸리지 않았다는 것을 의사에게 거듭 확인, 거울을 보면서 외모에 이상이 없는지 확인)	☐

반복적인 강박행동

47	읽기, 쓰기를 필요 이상으로 반복한다. (예: 방금 읽은 내용을 이해하지 못했을까 봐 걱정함, '완벽한' 단어 또는 문구를 찾음)	☐
48	일상적인 활동을 필요 이상으로 반복한다. (예: 전기 제품을 껐다 켰다 하기, 문 들락날락하기)	☐

숫자 세기 강박행동

49	숫자를 세고 또다시 세게 된다. (예: 바닥 타일, 책꽂이의 책, 벽의 못 등)	☐

정리/배열 강박행동		
50	물건을 순서대로 놓은 다음 또다시 정렬하고, 정리한 다음 또다시 정리한다. (예: 책상 위의 서류나 볼펜, 책꽂이의 책을 똑바로 정리하기)	☐
축적/수집 강박행동		
51	무언가를 쌓아 두거나 수집하는 강박행동이 있다. (예: 오래된 신문 쌓아 두기, 쓰레기통이나 길거리에서 쓸모 없는 물건 주워 오기)	☐

출처: 설순호 외(2013).

〈강박사고 평가〉

'강박증상 목록'에서 체크한 강박사고를 살펴보고, 다음 다섯 문항에 답해 주십시오. 오늘을 포함한 지난 7일 동안을 기준으로 하여, 자신을 가장 잘 나타낸다고 생각되는 문장을 하나 선택해 주세요.

1. 얼마나 많은 시간 동안 강박사고에 빠져 있습니까? 강박사고는 얼마나 자주 떠오릅니까?

0 전혀 없다— 여기에 체크한다면 2, 3, 4, 5번 문항에도 0에 체크하고 6번 문항으로 가십시오.

1 하루에 1시간 미만, 혹은 이따금 강박사고가 침투한다.
하루에 8회 넘게 강박사고가 떠오르지는 않는다.

2 하루에 1시간에서 3시간까지, 혹은 빈번하게 강박사고가 침투한다.
하루에 8회 넘게 강박사고가 떠오르지만, 대부분의 시간은 강박사고로부터 자유롭다.

3 하루에 3시간 이상, 길게는 8시간까지, 혹은 아주 빈번하게 강박사고가 침투한다. 하루에 8회 넘게, 대부분의 시간 동안 강박사고가 떠오른다.

4 하루에 8시간 넘게, 혹은 거의 지속적으로 강박사고가 침투한다.
강박사고가 셀 수 없이 많이 떠오르며, 강박사고가 생각나지 않고 보내는 시간이 거의 없다.

2. 강박사고가 당신의 사회적 · 직업적 기능을 얼마나 방해합니까? 강박사고 때문에 할 수 없는 일들이 있습니까?

(만약 당신이 현재 직업을 가지고 있지 않다면 강박사고가 당신의 일상적인 활동을 얼마나 방해하는지 생각해 보십시오.)

0 전혀 방해받지 않는다.

1 약간: 사회적 · 직업적 활동에서 경미한 방해가 있지만, 전반적인 수행에 방해되지는 않는다.

2 중간: 사회적 · 직업적 활동에서 명백한 방해가 있지만, 아직은 감당할 만하다.

3 심한: 사회적 · 직업적 활동에서 매우 큰 손상이 야기된다.

4 극심한: 아무것도 할 수 없는 무능력한 상태다.

3. 강박사고로 인해 얼마나 고통스럽습니까?

0 전혀 고통스럽지 않다.

1 약간: 가끔 있는 그리 괴롭지 않은 고통이다.

2 중간: 빈번하고 괴로운 정도의 고통이지만 아직은 감당할 만하다.

3 심한: 아주 빈번하고 매우 괴로운 고통이다.

4 극심한: 거의 지속적이며 아무것도 할 수 없을 정도의 고통이다.

4. 강박사고에 저항하기 위해 얼마나 많은 노력을 기울입니까? 강박사고가 마음속에 떠오를 때, 이를 무시하거나 주의를 돌리기 위해 얼마나 자주 노력합니까?

(이 문항은 당신이 강박사고를 통제하는 데 얼마나 성공적이었나를 보려고 하는 것이 아닙니다. 단지 당신이 얼마나 많이, 얼마나 자주 강박사고에 저항하기 위해 노력하는지에 관심이 있습니다.)

0 나는 항상 강박사고에 저항하려고 노력한다.

혹은 강박사고가 아주 미미하여 적극적으로 저항할 필요성을 느끼지 못한다.

1 나는 대부분의 시간(하루의 절반 이상) 동안 강박사고에 저항하려고 노력한다.

2 나는 강박사고에 저항하려고 어느 정도의 노력을 한다.

3 나는 강박사고를 통제하려고 하지 않고, 어쩔 수 없이 강박사고가 떠오르도록 내버려 둔다.

4 나는 완전히, 기꺼이 모든 강박사고가 떠오르도록 내버려 둔다.

5. 강박사고를 얼마나 통제할 수 있습니까?

얼마나 잘 강박사고를 멈추거나 주의를 돌릴 수 있습니까?

(만약 당신이 강박사고에 저항하려는 노력을 한 적이 거의 없다 할지라도, 이 문항에 답하기 위해 흔치는 않지만 당신이 강박사고를 멈추려고 노력한 경우를 생각해 보십시오.)

0 완전히 통제한다.

1 상당한 통제: 약간의 노력과 집중력을 기울여 보통 강박사고를 멈추거나 주의를 돌릴 수 있다.

2 중간 정도의 통제: 때때로 강박사고를 멈추거나 주의를 돌릴 수 있다.

3 약간의 통제: 강박사고를 멈추는 경우는 거의 없고, 어렵게 주의를 돌리는 정도만 가능하다.

4 통제 불가: 잠깐이라도 강박사고를 무시할 수 있는 경우가 거의 없다.

〈강박행동 평가〉

'강박증상 목록'에서 체크한 강박행동을 살펴보고, 다음 다섯 문항에 답해 주십시오. 오늘을 포함한 지난 7일 동안을 기준으로 하여, 자신을 가장 잘 나타낸다고 생각하는 문장을 하나 선택해 주세요.

6. 강박행동에 얼마나 많은 시간이 소비됩니까? 강박행동을 얼마나 자주 합니까?

(만약 당신의 강박행동이 일상적인 활동과 관련이 있다면, 강박행동으로 인해 일상

적인 활동을 완수하는 데 얼마나 많은 시간이 지체되는지를 생각해 보십시오.)

0 전혀 없다 — 여기에 체크한다면 7, 8, 9, 10번 문항에도 0에 체크하세요.

1 하루에 1시간 미만, 혹은 이따금 강박행동을 한다.

 하루에 8회 넘게 강박행동을 하지는 않는다.

2 하루에 1시간에서 3시간까지, 혹은 빈번하게 강박행동을 한다.

 하루에 8회 넘게 강박행동을 하지만 대부분의 시간은 강박행동으로부터 자유

 롭다.

3 하루에 3시간 이상, 길게는 8시간까지, 혹은 아주 빈번하게 강박행동을 한다.

 하루에 8회 넘게 대부분의 시간 동안 강박행동을 한다.

4 하루에 8시간 넘게, 혹은 거의 지속적으로 강박행동을 한다.

 강박행동이 셀 수 없이 많고, 강박행동을 하지 않고 보내는 시간이 거의 없다.

7. 강박행동이 당신의 사회적 · 직업적 기능을 얼마나 방해합니까? 강박행동 때문에

 할 수 없는 일들이 있습니까?

(만약 당신이 현재 직업을 가지고 있지 않다면, 강박행동이 당신의 일상적인 활동

을 얼마나 방해하는지 생각해 보십시오.)

0 전혀 방해받지 않는다.

1 약간: 사회적 · 직업적 활동에서 경미한 방해가 있지만, 전반적인 수행에 방해

 되지는 않는다.

2 중간: 사회적 · 직업적 활동에서 명백한 방해가 있지만, 아직은 감당할 만하다.

3 심한: 사회적 · 직업적 활동에서 매우 큰 손상이 야기된다.

4 극심한: 아무것도 할 수 없는 무능력한 상태다.

8. 만약 강박행동을 못하게 한다면 어떻게 느껴질까요? 얼마나 불안할 것 같습니까?

0 전혀 불안하지 않다.

1 강박행동을 못하게 한다면 단지 조금만 불안하다.

2 강박행동을 못하게 한다면 불안이 증가하겠지만 감당할 수 있다.

3 강박행동이 방해받으면 불안이 현저하게 증가하여 상당히 괴롭다.

4 강박행동을 감소시키려는 목적의 어떠한 개입에도 아무것도 할 수 없을 정도로 극심한 불안이 밀려 온다.

9. 강박행동에 저항하기 위해 얼마나 많은 노력을 기울입니까?

강박행동을 멈추려고 얼마나 자주 노력합니까?

(이 문항은 당신이 강박행동을 통제하는 데 얼마나 성공적이었나를 보려고 하는 것이 아닙니다. 단지 당신이 얼마나 많이, 얼마나 자주 강박행동에 저항하기 위해 노력하는지에 관심이 있습니다.)

0 나는 항상 강박행동에 저항하려고 노력한다.

혹은 강박행동이 아주 미미하여 적극적으로 저항할 필요성을 느끼지 못한다.

1 나는 대부분의 시간(하루의 절반 이상) 동안 강박행동에 저항하려고 노력한다.

2 나는 강박행동에 저항하려고 어느 정도의 노력을 한다.

3 나는 강박행동을 통제하려고 하지 않고, 어쩔 수 없이 강박행동을 하도록 내버려 둔다.

4 나는 완전히, 기꺼이 모든 강박행동을 하도록 내버려 둔다.

10. 강박행동을 얼마나 통제할 수 있습니까?

얼마나 잘 강박행동을 멈출 수 있습니까?

(만약 당신이 강박행동에 저항하려는 노력을 한 적이 거의 없다 할지라도, 이 문항에 답하기 위해 흔치는 않지만 당신이 강박행동을 멈추려고 노력한 경우를 생

각해 보십시오.)

0 완전히 통제한다.

1 상당한 통제: 약간의 노력과 의지력을 기울여 보통 강박행동을 멈출 수 있다.

2 중간 정도의 통제: 때때로 어렵게 강박행동을 멈출 수 있다.

3 약간의 통제: 강박행동을 단지 지연시킬 수만 있을 뿐 결국에는 강박행동을 다 해야만 한다.

4 통제 불가: 잠깐이라도 강박행동을 지연시킬 수 있는 경우가 거의 없다.

총점(문항 1~10의 점수 합) ＿＿＿＿＿＿＿＿

----

❶ 사례: 노출 및 반응 방지 훈련에서의 불안/노출 위계(강박적인 느림)

지훈은 길을 걸을 때나 손을 씻을 때 강박적인 규칙을 따라야 하기 때문에 지나치게 느리게 행동합니다. 길을 걸을 때 제대로 잘 걷고 있다는 느낌이 들도록 반드시 특정한 의례적인 행동을 해야 하기 때문에 보통 사람이라면 걸어서 5분 정도 걸릴 거리를 1시간이 넘게 걸려서 가기도 합니다. 현관을 나설 때 처음 나가는 발은 오른발이어야 합니다. 보도블록을 하나 지나칠 때마다 발이 정확히 블록의 중앙에 놓여야 안심이 되기 때문에 발걸음을 옮길 때마다 발이 제 위치에 놓였는지 확인하고, 조금이라도 어긋나면 이전 블록으로 돌아가 다시 발을 옮깁니다. 발의 위치 외에도 보도블록이 끝날 때까지의 발걸음 숫자가 홀수면 불길한 일이 생길 것 같은 느낌이 들기 때문에 블록을 하나 뛰어 넘어서라도 발걸음 수를 짝수로 맞추려 합니다. 실수로 마지막 보도블록에 홀수 번째 발걸음을 내디디면, 불안해서 보도블록이 시작된 처음 위치로 돌아가 다시 걸어와서 짝수 번째 발걸음으로 맞춥니다. 이렇다 보니 약속 시간에 늦거나 근처에 간단한 볼일을 보고 올 때도 시간이 오래 걸립니다.

지훈은 옷을 입을 때도 정해진 순서와 규칙대로 입어야 합니다. 예를 들면, 속옷 하의를 먼저 입은 다음 속옷 상의를 입고, 그다음 바지를 입고 나서 상의를 입어야 합니다. 순서가 잘못되면 전부 벗고 처음부터 다시 입어야 합니다. 바지를 입을 때는 지퍼가 정중앙에 있다는 느낌이 들 때까지 여러 번 고쳐 입으며, 모자를 쓸 때도 챙이 정중앙에 있다는 느낌이 들 때까지 여러 번 고쳐 씁니다. 양말을 신을 때도 양말이 양쪽 발목에 똑같은 높이까지 왔는지 확인을 해야 하고, 조금이라도 높이가 다르면 양말을 벗은 후 다시 신어야 마음이 놓입니다.

지훈은 오랜 시간에 걸쳐 자신이 세운 규칙에 따라 샤워를 합니다. 지훈은 '완벽하고 깨끗하게 씻기' 위해서 오래 씻습니다. 지훈은 자신의 여러 신체 부위를 정해진 순서와 방향, 그리고 정해진 횟수로 씻어야 한다는 강박 증상이 있습니다.

다음은 지훈의 불안/노출 위계이며, 그다음에 나오는 표는 그가 장시간 샤워할 때 축소형 위계입니다.

지훈의 불안/노출 위계(강박적인 느림)

지훈의 불안/노출 위계(강박적인 느림)	불편감 수준 (SUDS) (0~100)
현관 밖으로 나갈 때 왼발부터 내딛기	100
보도블록 중앙에 발이 놓이지 않아도 계속 앞으로 걸어가기	95
보도블록 끝에서 홀수로 발걸음이 끝나도 되돌아가지 않기	90
정해진 순서와 다른 순서로 옷 입기	80
하의 지퍼가 정중앙에 있다는 느낌이 들지 않더라도 고쳐 입지 않기	75

모자를 쓸 때 한 번에 쓰기	60
양쪽 발에 신은 양말의 높이가 달라도 고쳐 신지 않기	50
지훈의 불안/노출 장시간 샤워 축소형 위계	불편감 수준 (SUDS) (0~100)
온몸을 단 한 번만 씻은 후 욕조에서 나오기	100
정해진 방향과 다른 방향으로 몸을 씻은 후 욕조에서 나오기	95
샤워할 때, 온몸을 정해진 순서와 다른 순서로 씻기	85
샤워할 때, 세 군데를 다른 순서로 씻기	75
샤워할 때, 두 군데를 다른 순서로 씻기	65
샤워할 때, 한 군데를 다른 순서로 씻기	55

❷ 연습: 자신만의 불안/노출 위계 만들기

앞 장에 나온 지훈의 예를 참고로 하여, 제5장의 끝에 종합해 놓은 자신의 목록에서 목표로 삼은 증상 중의 하나를 대상으로 자신만의 불안/노출 위계를 만들어 봅시다. 다른 증상들에도 적용해 반복해서 시행할 수 있도록 백지 상태의 불안/노출 위계 복사본을 준비해 두십시오. 기억해야 할 점은 위계를 쪼개어 작은 단계로 나눈 후에 여러 다른 공포증, 예를 들어, 샤워 위계, 조류독감 위계, 그리고 옷 입기 순서 같은 위계를 만들 수 있다는 것입니다. 항상 그렇듯, 이 장에 소개된 연습을 할 때 자신의 일기장을 참조해도 됩니다.

불안/노출 위계   불편감 수준(0~100)

불안/노출 위계   불편감 수준(0~100)

연습 1 나에게 고통, 회피, 또는 의례적 행위(rituals)를 하도록 재촉하는 상황들

	고통스러운 상황/대상	불편감/고통의 정도 (0~100 주관적인 고통의 단위)
1		
2		
3		
4		
5		
6		
7		
8		
9		
10		
11		
12		
13		
14		
15		

연습 2 불안, 두려움, 답답함 등의 주관적 고통을 유발하는 생각, 이미지, 충동들(강박사고)

	생각/이미지/충동	불편감/고통의 정도 (0~100 주관적인 고통의 단위)
1		
2		
3		
4		
5		
6		
7		
8		
9		
10		
11		
12		
13		
14		
15		

연습 3 불안을 감소시키기 위한 반복적이거나 의례적인 행동들

	행동	빈도(1일)	지속 시간(1회)	불편감/ 고통(1~100)
1				
2				
3				
4				
5				
6				
7				
8				
9				
10				
11				
12				
13				
14				
15				

연습 4 강박증상으로 인해 회피해야 하는 상황들

	상황	정도(0~100)
1		
2		
3		
4		
5		
6		
7		
8		
9		
10		
11		
12		
13		
14		
15		

연습 5 강박사고에서 두려워하는 결과 및 강박행동을 하지 않거나 회피하지 않았을 때 벌어질 것으로 예상되는 두려운 결과들

	결과	발생 가능성(0~100)	불편감/고통(0~100)
1			
2			
3			
4			
5			
6			
7			
8			
9			
10			
11			
12			
13			
14			
15			

강박증을 치료하기 위한
자기주도 CBT 프로그램

심상 노출

▶▶▶▶

인지행동치료 회기를 점차 거쳐 나가면서 B군의 확인 행동은 확연히 줄어들었고, 확인 행동 때문에 수업 시간이나 약속 시간에 늦는다거나 생활에 방해를 받는 것도 훨씬 덜해졌습니다. 그러나 확인을 하지 않더라도 찜찜한 마음과 함께 자신이 끄지 않은 스위치 때문에 화재 같은 끔찍한 일이 일어나는 것 같은 심상이 아직 머릿속에 종종 떠올라서 B군을 괴롭혔습니다. 하지만 치료 시간을 통해 불안감을 유발하는 실제 상황 이외에, 상상을 통하여 불안감을 유발하는 상황에서 자신의 불안감을 통제하는 것도 함께 익히고 연습하면서 이 역시 줄어들기 시작하였습니다.

① 심상 노출법

심상 노출에서는 불편하고 공포를 불러일으키는 생각의 심상(이미지)을 마음속에 붙들어 놓고 그것이 습관화되고 고통이 감소할 때까지 놔둡니다. 이 접근법을 이용하면, 과도한 고통 없이 이런 생각을 경험하는 능력을 갖추게 됩니다. 즉, '나쁜' 사고를 하게 될 때 덜 불안하게 되고 이런 사고들을 생각 그 자체로 받아들이는 법을 배우게 되어 결국 '나쁜' 사고는 그냥 스쳐 가는 생각이 됩니다. 시간이 지나면, 고통을 일으키는 사고들의 강도가 약해질 것입니다. 일상생활에서의 노출의 목표는 공포를 주는 상황에 습관화될 기회를 제공하는 데 있는 반면, 심상 노출의 목표는 자신만이 느끼는 공포를 일으키는 사고들에 습관화될 기회를 제공하는 데 있습니다.

심상 노출법에서는 우선 자신이 두려워하는 공포 상황을 자세하게 서술하고 녹음한 후에 반복적으로 청취합니다. 지금부터 그 방법을 소개하겠습니다. 시행하기 전에 주의할 사항이 하나 있습니다. 전문 치료사 없이 단독으로 심상 노출법을 사용해서는 안 되는 환자들이 있습니다. 그중에는 경계성 성격장애가 있거나 정신병 과거력이 있는 사람, 또는 강박사고가 정말로 실재한다는 강력한 믿음을 가진 중증 강박증 환자들이 포함됩니다. 만약 자신이 이에 해당하지 않으면, 심상 노출을 시작할 준비가 된 것입니다.

❷ 서술하기 및 녹음하기

1인칭 현재 시점으로("나는……") 3~5분 정도의 진술문을 씁니다. 강박적이고 의례적인 행동이나 행위를 수행하지 않으면 자신이 두려워하는 어떤 공포 상황이 발생할지에 대해 상세히 기술합니다. 가능한 한 생생하게 기술하고, 그런 생각을 촉발한 계기가 되거나 피했던 상황도 포함시킵니다. 마치 영화의 장면을 하나하나 묘사하듯 쓰도록 합니다. 다음에는 '미영'의 예를 들어서 각각의 요소에 대해 설명하겠습니다.

사 례

　미영은 하루에 많게는 백 번씩 손을 씻고, 한 시간 동안 샤워를 합니다. 엘리베이터 이용하기, 공중화장실 이용하기, 지하철에서 기침이나 재채기를 하는 사람의 근처에 있기 등의 경우 그녀를 바이러스에 노출시킬 수도 있습니다. 조류독감에 대한 그녀의 공포는 점점 자신의 가족을 돌보지 못하는 몸 상태가 된 자신의 모습을 떠올리는 일로 커졌습니다. 아내와 엄마로서의 의무를 다하지 못하게 될 것이라는 생각은 그녀를 특히 힘들게 했습니다. 또한 그녀가 떠올린 심상(이미지)에는 다른 이들까지 병에 걸리게 해서 가족과 친척들을 실망시킨 죄책감으로 수치스러워하는 모습도 있었습니다.

❶ 계기가 되는 상황: 슈퍼마켓에서 장을 보는 중, 팔에 상처가 난 노숙자의 몸과 우연히 스쳤다.

❷ 최초의 공포를 주는 생각: 에이즈에 감염되면 어쩌지?

❸ 감정적인 반응과 신체 증상: 식은땀이 흐르고, 공포 때문에 몸이 떨린다.

❹ 추가적인 공포와 의심스러운 생각: 혹시 내 딸도 팔에 상처가 난 노숙자와 몸이 부딪힌 건 아닐까?

❺ 의례적인 행동을 하고 싶은 욕구: 나뿐만 아니라 혹시 내 딸도 슈퍼마켓에 있는 화장실에 데려가 씻기고 싶다.

❻ 파국화: 최악의 일이 벌어진다면, 사람들이 날 어떻게 볼까? 귀가하는 즉시 딸에게 샤워를 오랫동안 시키지 않으면 나는 무능한 엄마가 될 것이다.

❼ 핵심 공포 혹은 최악의 시나리오: 내가 이 일을 그냥 넘기면, 한 달 뒤에 딸이 헌혈센터에서 헌혈을 하다가 에이즈에 걸린 사실을 알게 될 것이다. 6개월 내에 딸은 고통 속에서 서서히 죽어 갈 것이고, 이는 전부 내 탓이다. 그러면 나는 평생 끊임없는 죄책감에 시달리며 살게 될 것이다.

일상생활에서의 노출과 마찬가지로, 심상 노출법을 사용하면 처음에는 아주 높은 불편감 지수(SUDS)를 보일 것입니다. 자신이 쓴 진술문을 읽으며 불안이 야기될 때 이를 인내해야 하는 SUDS가 높을수록, 심상 노출이 더욱 효과적이게 됩니다. 그러나 사랑하는 이의 죽음 같은 일부 상황은 진술문에 포함시키기에 너무 무서울 수 있는데, 특히 초기 단계에서는 더욱 그렇습니다. 이런 경우에는 사랑하는 이가 무릎을 삐거나 독감에 걸리는 것과 같이 SUDS가 중간 단계 정도(60~70)로 공포를 주는 상황을 묘사합니다. 여기서 주의할 점은 심상 노출을 수행하는 동안 강박행동을 절대 해서는 안 된다는 것입니다. 그 상황에 습관화되면, SUDS가 보다 높은 80~90 정도의 더욱 무서운 심상에 대해 진술을 또 해 봅니다. 진술을 어떻게 할지 아직 막연하다면, 이 장의 후반부에서 몇 가지 예를 더 들겠습니다.

생생하고 일관성 있는 진술을 할 수 있게 되면, 디지털 녹음기를 이용하여 녹음을 합니다. 녹음을 이용할 경우, 일주일 내내 하루에 약 45분 동안 녹음 내용을 반복해서 청취합니다. 녹음된 자신의 목소리를 듣고 싶지 않다면, 그냥 진술문을 반복해서 읽으면 됩니다. 유사한 경우로, 녹음된 소리를 듣는 것이 너무 큰 불안감을 준다면, 그저 진술문을 반복해서 읽는 것으로 시작하면 됩니다. 일단 SUDS가 견딜 만한 정도로 떨어지면, 다시 불안 위계가 조금 높은 진술문을 녹음하고 위계적으로 훈련을 진행합니다.

❸ 심상 노출을 위해 녹음을 이용한 훈련

적어도 일주일 동안은 매일 조금씩 시간을 연장해서 자신이 한 녹음을 반복해서 듣도록 합니다. 매번 진술을 반복해 들은 후 다음에 나오는 '심상 노출 관찰 연습표'를 이용해서 SUDS(0~100)를 관찰합니다. (반복해서 사용할 수 있도록 관찰 연습표를 복사해 둡니다. 1회당 한 장이 사용됩니다.) 다른 대안으로 자신의 일기장에 SUDS를 기록해서 관찰해도 됩니다. 진술을 녹음한 것을 반복적으로 들어서 마침내 SUDS가 20 미만으로 감소하게 하는 것이 목표인데, 이는 습관화되었다는 표시입니다. 습관화되는 데 약 45분이 걸리지만, 개인마다 차이가 나므로 습관화되는 시간이 더 걸리거나 덜 걸릴 수 있습니다.

일상생활에서의 노출 및 반응 방지와 마찬가지로, 진술문에서 연상된 심상이 더 이상 극도의 불편함을 주지 않으면, 더욱 공포를 유발하는 상황에 대해 진술문을 쓴 후 심상 노출에 이용하도록 합니다. 공포를 주는 모든 심상에 적용하여 그 심상에 대한 공포가 감소할 때까지 위계적으로 계속 진행합니다.

심상 노출 관찰 연습표

날짜: ....   심상 노출 총 시간: ....

SUDS	SUDS	SUDS
1 _____	7 _____	13 _____
2 _____	8 _____	14 _____
3 _____	9 _____	15 _____
4 _____	10 _____	16 _____
5 _____	11 _____	17 _____
6 _____	12 _____	18 _____

평균 SUDS(총 SUDS÷반복 횟수) _____

---

④ 심상 노출 시 인지적 오류의 예

이분법적 사고 및 흑백논리

예를 들어 이분법적 사고 및 흑백논리는 자신의 성취에 대해 '성공' 아니면 '실패'로 판정하거나, 대인관계에서 '내 편인가' 아니면 '상대편인가'로 판단하는 경우와 같이 생활 속 사건의 의미를 이분법적인 범주의 둘 중 하나로 해석하는 오류를 말합니다. 완벽하게 깨끗한 상태가 아니라면 아주 더러운 것과 똑같이 병에 걸릴 것이라는 생각, 완벽하게 자신이나 가족을 보호하지 않으면 끔찍한 위험이 닥칠 것이라는 생각 등이 여기에 해당할 수 있습니다.

완벽주의와 통제

확실성에 대한 욕구, 완벽하게 상황을 통제해야 한다는 욕구, 완벽한 상태가 존재한다는 신념 등과 연관되어 있는 인지 오류로서, 보통 이분법적 사고 및 흑백논리와도 연결되어 있는 경우가 많습니다. 조금이라도 불확실한 것은 잠시도 견딜 수 없다거나, 이 불안을 벗어나기 위한 방법이 있다면 무엇이든 하겠다는 생각 등이 이와 관련되었다고 볼 수 있습니다.

의미 확대 혹은 파국화

위험성에 대해서 실제보다 크게 판단하는 경우나 자신의 잘못에 대해 엄격하고 까다로운 기준을 적용하여 큰 잘못을 한 것으로 자책하는 경우와 같이, 어떤 사건의 의미나 중요성을 실제보다 지나치게 확대하거나 축소하는 오류를 말합니다. 깜빡 잊고 마스크 없이 외출했다면 에볼라 바이러스에 감염될 것이라고 확대해서 생각하여 가장 끔찍한 결과를 예견하는 등 파국화의 형태로 나타날 수 있습니다.

과잉일반화

시험이나 사업에 몇 번 실패한 사람이 '나는 어떤 일이든 나의 노력이나 상황과는 상관없이 또 실패하게 될 것이다.'라고 생각하는 경우와 같이, 한두 번의 사건에 근거하여 일반적인 결론을 내리고 무관한 상황에도 그 결론을 적용하는 오류입니다. 새해 첫날에 가족에게 교통사고가 난 적이 있기 때문에, 매해 첫날이면 사고를 당할까 봐 두려워하는 경우가 이에 해당할 수 있습니다.

정신적 여과 혹은 선택적 추상화

대체로 긍정적인 내용의 이야기를 주고받았음에도 상대방의 부정적인 평가 몇 마디에 근거하여 '상대방이 나를 좋아하지 않는다'고 해석한다거나 안전사고와 관련한 뉴스를 보고 세상은 끔찍하게 위험한 곳이라고 판단하는 것처럼 어떤 상황에서 일어난 여러 가지 일 중 일부만을 뽑아내어 상황 전체를 판단하는 오류입니다.

잘못된 명명(mislabelling)

사람의 특성이나 행위를 기술할 때 과장되거나 부적절한 명칭을 사용하여 기술하는 경우가 해당합니다. 예를 들어, 자신의 실수가 조금이라도 나쁜 일이 생기는 것과 관련이 되었다면 스스로를 악인이라고 생각한다거나, 가족과 말다툼을 벌이게 되면 자신은 폭력적인 사람이라는 식으로 스스로에게 부정적인 명칭을 부과하는 경우가 예가 될 수 있습니다.

예언자적 오류

예를 들어 나쁜 일이 생긴다면 자신 및 가족에게 일어날 것이 자신의 운명이라는 식으로, 마치 미래의 일을 미리 볼 수 있는 예언자인 것처럼 충분한 근거없이 미래에 일어날 일을 단정하고 확신하는 오류입니다.

허황한 인과관계 및 주술적 사고

사람이 조작하지 않아도 냉장고가 스스로 열리거나 자물쇠가 저절로 풀릴 수 있다는 생각, 혹은 자신이 어떤 행동(반복하기, 주문 외우기, 만지기, 두드리기 등)을 함으로써 끔찍한 결과를 막을 수 있다는 생각, 행운의 숫자나 불운의 숫자 등이 있다는 생각 등이 이러한 인지적 오류의 예입니다.

감정적 추리

자신이 불안한 예감을 느끼는 것을 보면 무엇인가 끔찍한 일이 곧 일어날 것이라는 식으로 충분한 근거 없이 막연히 느껴지는 감정에 근거하여 결론을 내리는 오류입니다.

어떤 상황에서 떠오르는 한 가지 생각에 여러 가지 인지적 오류가 관련되어 있을 수도 있습니다.

강박증의 인지 모델과 인지재구성

❶ 그릇된 믿음의 ABCD

강박증상을 유지시키는 그릇된 믿음의 역할은 ABCD 이론으로 이해될 수 있습니다.

ABCD 이론의 기본이 되는 세 가지 전제는 다음과 같습니다.

- 사고(인지)가 정서와 행동을 중재합니다.
- 이상 행동과 관련된 사고는 감찰(monitoring)될 수 있고, 변화될 수 있습니다.
- 인지의 변화를 일으킴으로써 행동과 정서의 지속적인 변화를 일으킬 수 있습니다.

다음 [그림 8-1]에서처럼, 선행사건(A)은 침투적 사고와 이미지(B)를 유발할 수 있습니다. 침투적 사고가 떠오르면 그 생각이 떠오른다는 사실 자체와 그 내용에 대해서 왜곡된 인지적 평가를 함으로써 불안, 의심, 우려(C)와 같은 부정적 감정이 유발됩니다. 이에 대처하기 위해서 부정적 감정을 완화시켜 주는 의례적인 행동(D)을 하게 되고, 그 결과 선행사건에 대한 침투사고의 빈도와 강도가 증가하고 왜곡된 인지적 평가가 지속됩니다. 인지적 평가란 침투사고가 떠오르는 사실 자체 또는 그 내용에 대해 해석하고 의미를 두는 것을 의미합니다. 인지적 평가는 침투사고를 강화하고 증상을 유지시키는 악순환의 매개로 작용하므로, 여기에서 핵심적인 작용을 하는 왜곡된 인지적 평가를 변화시켜 악순환의 고리를 끊는 것이 강박증의 인지적 재구성이라고 할 수 있습니다.

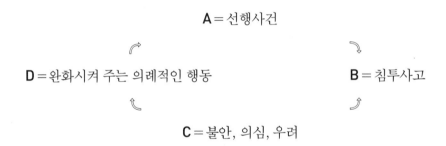

A = 선행사건과 침투사고, 심상 또는 욕구
B = 침투사고에 관한 그릇된 믿음
C = 감정적인 결과: 불안, 의심, 우려
D = 완화시켜 주는 의례적인 행동과 회피

❷ 그릇된 믿음 고치기

인지재구성은 인지적 오류와 그릇된 믿음에 직접적으로 도전하는 과정을 지칭하는 기술 용어로, 이 방법은 증상이 분명한 강박행동의 치료에도 포함됩니다. 그러나 이 과정으로 인지적 오류가 완전히 교정되어 사라지는 것은 아니며, 다음의 두 가지 측면에서 도움이 될 수 있습니다. 첫째, 인지재구성을 통해 자신의 생각을 해석하는 방법을 선택할 수 있음을 알게 해 줍니다. 둘째, 다른 선택을 하면 강박증의 정도와 수준이 달라진다는 점을 알게 해 줍니다. 자신이 상황을 잘못 해석한다는 것을 인식하는 수준이 높아질수록, 강박행동을 하기보다는 그런 생각들을 좀 더 객관적으로 바라볼 수 있게 됩니다.

③ 인지재구성: 사용법과 사용 시기

인지재구성이 강박행동을 지속시키는 그릇된 믿음을 고치는 데 유용하기는 해도, 자신의 그릇된 믿음을 고치는 작업에 임할 때는 다음 사항들을 고려해야 합니다.

인지재구성이 적어도 노출과 반응 방지(ERP: Exposure and Response Prevention)만큼은 효과적이라는 연구 결과(Wilhelm et al., 2003)가 있기는 하지만, 헤이만 박사의 경험에 의하면 인지재구성은 ERP의 효과를 높이고 보강하는 데 사용하는 것이 최선이며, 인지재구성이 ERP를 대체하는 역할을 하지는 못한다고 합니다. 뛰어난 ERP 전문가인 포아 박사에 따르면, 강박증으로 인한 그릇된 믿음을 고치는 가장 좋은 방법은 ERP입니다. 먼저 제5장과 제6장을 열심히 학습한 후, 치료 과정을 보강하기 위해 인지재구성 연습에 들어가는 것이 중요합니다.

그러나 강박적인 생각들(예를 들어, 에이즈에 걸릴 것 같다거나 가스레인지 밸브를 잠그지 않아서 집에 화재가 날 것 같다는 침투사고)을 완화하는 데 ERP 방법이 성공하지 못한 경우에는, 그릇된 믿음을 변화시키는 데 인지재구성을 사용하도록 합니다.

인지재구성은 의례적인 행동과 강박적 사고를 머릿속으로 먼저 하는 환자들에게 도움이 되는 경우가 많습니다.

앞에서 제6장을 통해 자신의 집착과 강박행동의 당위성을 믿는 지수를 측정하는 법을 배웠습니다. 의례적인 행동을 하지 않았을 경우 자신이 두려워하는 결과가 일어날 것이라고 믿는 비율을 70% 이상으로 기록했다면, 그 비율이 70% 이하로 떨어질 때까지 인지재구성 방법을 통해 노력하는 것이 최선입니다.

제2장에서 언급한 사항 중에서 기억해야 할 것은, 강박사고로 인해 생겨난 불안을 해소하기 위해 습관적으로 안도감을 주는 자기-말이나 주문을 반복하면 이 또한 강박증상이 될 수 있다는 점입니다. 안도감을 주거나 불안을 해소해 주는 방법에 인지재구성 기술을 결합하지 않도록 주의해야 합니다. 자신도 모르게 그렇게 하고 있다면, 인지재구성을 중지하고 먼저 ERP에 주력하도록 합니다.

단계별 인지재구성:
그릇된 믿음에 대한 도전

▶▶▶

그러던 어느 날, B군은 인터넷 뉴스에 나오는 사건들이나 안전사고와 관련된 TV 프로그램을 보면서, 자신의 생각이나 걱정에 일리가 있는 것은 아닌가 하는 생각이 들었습니다. 그러자 갑작스럽게 걱정스러운 마음이 들었고, 그동안 많이 줄어들었던 확인행동 횟수도 다시 좀 더 늘어났습니다. 치료 시간에 담당 선생님과 이에 대해 이야기하면서, 자신의 믿음에 지나치거나 왜곡된 부분은 없는지 함께 살펴보기로 하였습니다.

B군은 치료 시간에 배우고 설명을 들은 대로, 일기처럼 자신의 생각의 흐름을 써서 살펴보았습니다. 그리고 끔찍한 결과가 일어날 가능성에 대해서 객관적인 방식으로 수치를 계산해 보는 방법, 자신의 생각에 대해 반론을 제기해 보는 방법 등을 통하여 자신을 불안하게 하는 생각들을 살펴보는 연습을 꾸준히 하였습니다. 실제로 자신이 실수하지 않았을까 걱정한 상황에서 실제로 실수를 한 경우는 거의 없었고, 또한 실수를 했을 때도 그로 인해서 끔찍한 결과가 일어난 적은 한 번도 없었다는 것을 상기할 수 있었습니다. 그러면서 강박사고에 이끌려 가지 않는 것도 그렇게 어렵지만은 않다는 자신감이 조금씩 생기는 것 같았습니다.

⚙ 그릇된 믿음에 도전하기

인지재구성을 통해 자신의 침투적 사고를 평가하는 과정에서 새롭고 적응적인 정보를 사용하여 보다 객관적인 인지적 평가를 대안으로 찾아내고 이에 따라 행동하는 것을 배우게 됩니다. 그릇된 믿음에 도전하는 법을 배우면, 집착과 의례적인 행동의 순환을 덜 습관적이고 덜 자동적으로 만들 수 있습니다. 그릇된 믿음에 도전함으로써 자신의 사고가 행동에 미치는 영향으로부터 좀 더 자유로워지고 자신의 사고와 행동을 더 잘 통제하게 됩니다. 그릇된 믿음에 도전하는 방법은 두 단계의 과정으로 이루어집니다.

● 선행사건과 상황을 파악합니다. 그 후 떠오르는 침투사고를 파악하고, 그 사고와 관련된 그릇된 믿음도 파악합니다.
● 좀 더 현실적인 자기-말을 통해 그릇된 믿음에 도전합니다.

1단계. 선행사건, 침투사고, 그릇된 믿음 파악하기

어떤 상황과 사건이 특정한 침투사고, 감정 또는 욕구를 일으키는지 정확히 파악하고, 이와 관련된 그릇된 믿음을 파악하는 것이 중요합니다. 〈표 9-1〉은 강박증에서 보일 수 있는 선행사건의 예와 이에 동반되는 침투사고, 그리고 이와 연관된 그릇된 믿음의 예를 보여 줍니다. 그릇된 믿음이 나타내는 인지적 오류를 맨오른쪽에 제시했습니다.

예를 확인했으면, 이번에는 자신이 경험한 선행사건과 이에 관련된 침투사고, 그릇된 믿음, 그리고 인지적 오류에 대해 생각해 봅시다. 첫 번째 칸에 선행사건이나 상황을 쓰고, 둘째 칸에 연관된 침투사고를 쓰고, 셋째 칸에 관련된

〈표 9-1〉 **선행사건, 침투사고, 그릇된 믿음 파악하기**

공통된 선행사건, 침투사고, 그릇된 믿음			
선행사건의 예	침투사고	그릇된 믿음	인지적 오류
외출하면서 가스 밸브 잠그기	가스 밸브가 안 잠겨서 가스 누출이 되면 어떡하지?	만약 내 실수로 가스 폭발이 일어나면 내 책임으로 영원히 질타받을 것이다.	• 과도한 책임감 • 위협에 대한 과대평가 • 불안의 결과에 대한 왜곡된 판단
공공건물의 현관 손잡이를 만졌을 때	수많은 사람이 더러운 손으로 이 손잡이를 만졌을 텐데 세균이 옮으면 어떡하지?	손을 철저히 씻고 예방 조치를 하지 않으면 분명히 병에 걸릴 것이다.	• 위협에 대한 과대평가 • 불확실성을 견디지 못함
엄마가 계단을 내려가려고 앞에 서 있을 때	만약에 내가 엄마를 밀어 버리면 어떡하지?	엄마를 죽이려는 생각을 하는 것으로 보아 나는 패륜아임이 분명하다.	• 사고의 중요성에 대한 과도한 평가 • 사고-행위 융합 • '만약에' 사고
콧구멍에 코털이 보이지 않는지 거울 들여다보기	사람들이 날 우스꽝스럽게 보지 않을까?	코털이 완벽하게 보이지 않을 때까지 코털을 뽑지 않으면 남들이 나를 바보스럽게 볼 것이다.	• 과잉통제와 완벽주의 • 사라지지 않는 의심
길거리 바닥에 뾰족한 돌멩이가 있는 것을 발견함	누가 돌멩이를 밟아서 다치면 어떡하지?	남들이 돌멩이를 밟지 않도록 내가 치우지 않으면 방임죄를 짓는 것이다.	• 과도한 책임감 • 과잉통제와 완벽주의
창 밖으로 장례 차를 보았을 때	내 아들에게 불길한 일이 생기는 것은 아닐까?	다섯 번 연속으로 창문을 열었다 닫지 않으면 내 아들에게 나쁜 일이 생길 것이다.	• 사고의 중요성에 대한 과도한 평가 • 과잉통제와 완벽주의
냉장고 문을 꼭 닫는 행위	냉장고 문이 제대로 닫히지 않았으면 어떡하지?	냉장고 문을 확실히 닫지 않아 음식물이 상하면 가족이 병에 걸릴 수 있고, 그것은 나의 잘못이다.	• 과잉통제와 완벽주의 • '만약에' 사고 • 불확실성을 견디지 못함

그릇된 믿음을 씁니다. 제7장 후반부에 제시한 인지적 오류 목록을 참고하여 마지막으로 넷째 칸에 자신의 그릇된 믿음이 나타내는 인지적 오류를 쓰면 됩니다. (이 연습에 자신의 일기장을 참고하여도 무방합니다.) 어떤 침투사고나 그릇된 믿음도 하나 이상의 인지적 오류가 작동하는 경우가 흔하며, 일부 오류는 중복되거나 유사합니다. '제대로' 해야 한다고 생각하거나 지칠 정도로 관련된 모든 목록을 다 포함하도록 길게 쓰는 것은 중요하지 않습니다. 자신에게 더 들어맞는 인지적 오류를 파악하여 이에 대응할 대응 문구를 생각해 내도록 노력해 봅시다.

선행사건, 침투사고, 그릇된 믿음			
선행사건	침투사고	그릇된 믿음	인지적 오류

선행사건, 침투사고, 그릇된 믿음			
선행사건	침투사고	그릇된 믿음	인지적 오류

2단계. 현실적인 자기-말로 그릇된 믿음에 도전하기

일부 침투사고와 그 계기가 된 상황, 이와 관련된 그릇된 믿음과 인지적 오류를 파악하는 작업이 끝났다면, '강박적인' 뇌에 의해 발생하는 그릇된 믿음에 도전할 준비가 된 것입니다. 그런 심상과 생각은 너무도 강렬하고 대부분 미래에 올지도 모를 피해와 위험에 근거를 둔 부정적인 감정이므로 설득력이 상당합니다. 그릇된 믿음에 도전하기 위해서는 그런 생각이 들 때마다 기록해야 하며, 그다음으로 이를 촉발한 상황에 대한 비현실적인 평가에 맞서 싸워야 합니다. 다수의 사람이 이 단계를 이른바 긍정적 사고와 혼동하는데, 치료의 목표는 반드시 긍정적 사고를 하는 데 있는 것이 아니라 정확한 사고를 하는 데 있음을 유념해야 합니다. 정확한 사고란 자신의 강박적인 생각을 파악하고 정확한 명칭을 붙이는 데 있습니다. 이런 간단한 단계만으로도 강박사고와 거리 두기가 가능해집니다. 일단 생각은 그저 생각일 뿐이며 강박사고일 뿐이라는 실체를 확인하게 되면, 어떤 상황에서 진정한 사실을 파악할 수 있는 자유를 누리게 되고 상황을 보다 현실적으로 평가할 수 있게 됩니다.

다음에 나오는 〈표 9-2〉를 보면, 특정한 그릇된 믿음과 비현실적인 평가를 긍정적이고 현실적인 자기-말을 이용해 극복하는 예를 알 수 있고, 그 작용 원리에 대해 이해하게 될 것입니다. 이러한 전략을 사용하면, 강박사고가 일어났을 때 그 힘을 감소시킬 뿐만 아니라 문제가 되는 생각을 없애기 위해 강박행동을 하고 싶은 욕구를 감소시키는 데 도움이 됩니다.

〈표 9-2〉 긍정적인 자기-말로 대응하기

인지적 오류	그릇된 믿음	현실적인 반응(긍정적인 자기-말)
이분법적 사고 및 흑백논리	안전하다고 증명되기 전까지는 위험한 것이다.	모든 위험으로부터 완전하게 안전한 삶은 누구도 보장할 수 없다.
	증상이 완벽하게 없어지지 않으면 하나도 낫지 않은 것과 다름이 없다.	증상이 조금이라도 나아지면 나와 주변 사람들의 삶이 훨씬 나아질 수 있다.
완벽주의와 통제	나쁜 일이 발생하지 않도록 행동을 포함한 모든 것을 완벽하게 통제해야만 한다.	완벽하게 통제하려는 시도는 사람을 너무 피곤하게 만든다. 완벽하지 못하다고 해서 실패를 의미하는 것은 아니다.
의미 확대 및 파국화	나쁜 일의 발생에 미리 대처하지 않으면 커다란 위험에 빠지게 될 것이다.	나쁜 일이 일어날 가능성은 실제로 내가 생각하는 것보다 훨씬 미미하다.
과잉일반화	이전 치료에서 실패하였으니 이번 치료에도 나는 실패할 수밖에 없을 것이다.	지난번에 실패했다고 해서 이번에도 실패하리라는 보장은 어디에도 없다.
잘못된 명명	나쁜 일을 막지 못하면 나는 나쁜 사람이 된다.	내 실수가 작은 영향을 미쳐 나쁜 결과가 일어난다고 해서 곧 내가 나쁜 사람이 되고 책임을 져야 하는 것은 아니다.
예언자적 오류	나쁜 일이 일어난다면 나 또는 내 가족에게 닥칠 것이 틀림없다.	나에게 미래를 예견할 수 있는 초능력이 있을리 없다. 앞날에 안 좋은 일이 일어날지 아닐지는 아무도 모른다.
허황한 인과 관계 및 주술적 사고	내가 하는 의례적인 행동을 통해 마음도 편해질 수 있고 끔찍한 결과의 가능성도 피할 수 있다.	내가 하는 의례적인 행동은 불안감을 줄이는 데도, 끔찍한 결과를 피하는 데도 도움이 되지 않고 그저 나와 주위 사람들을 피곤하게 할 뿐이다.
감정적 추리	위험하다고 느껴지는 것을 보니 사실임이 틀림없다.	내가 느끼는 감정과 사실의 여부는 별개의 문제다. 감정에 이끌리지 않고 올바른 판단을 하도록 해야겠다.

그릇된 믿음에 도전하기

선행사건

침투사고

불편감 지수(SUDS) (0~100)

그릇된 믿음

스스로 이 생각을 어느 정도 믿는가?(0～100%)

어느 유형의 인지적 오류들이 작용하는가? (목록에서 선택)

현실적인 반응과 긍정적인 자기-말

이 현실적인 반응을 어느 정도 믿고 있는가?(0～100%)

그릇된 믿음에 도전하는 추가적인 방법들

강박사고가 발생할 때 긍정적인 자기-말로 그릇된 믿음에 도전하는 법을 앞에서 살펴보았는데, 이 기술은 꾸준한 연습이 필요합니다. 강박증의 그릇된 믿음에 도전하는 또 다른 방법은 다양한 행동 실험을 해 보는 것입니다. 이런 실험으로 잠재적인 피해와 재난 수준의 위험을 예고하는 자신의 강박증에 반박할 기회를 얻을 수 있습니다. 실생활에서 자신의 그릇된 믿음을 시험해 봄으로써 강박증상의 힘을 점점 약화시킬 수 있게 됩니다.

강박증에서 공통적으로 보이는 인지적 오류의 교정

▶ ▶ ▶

B군은 강박사고로 지니고 있던 지나치거나 왜곡된 믿음들을 치료 시간에 담당 선생님과 함께 하나씩 살펴보았습니다. 중 · 고등학교 때 배운 대표적인 논리적 오류들이 자신의 강박사고를 유지시키고 있다는 것을 깨달은 B군은 왜 이전에는 이런 생각을 해 보지 못했을까 하는 생각을 하게 되었습니다.

① 사고의 중요성에 대한 과도한 평가

이 장에서는 강박증이 있는 사람들의 특징적인 인지적 오류 중 '생각을 지나치게 중요시하는 경향'에 대해 이야기해 보려고 합니다. 강박증 환자들이 고통받는 강박사고는 오염과 관련된 생각, 위험과 관련된 생각, 성적인 생각, 공격적인 생각 등 그 내용이 다양합니다. 강박증 환자들은 공통적으로 이러한 생각들에서 벗어나지 못하고, 생각에 과도하게 중요성을 부과하는 경향을 보입니다.

우리는 흔히 내가 생각하고 있기 때문에 중요한 생각이고, 또 중요한 생각이기 때문에 내가 계속 생각을 하고 있다고 여기게 됩니다. 하지만 머릿속에 떠오르는 생각이라고 해서 모두 중요한 생각일까요? 일상생활에서 잠깐 멈추고 머릿속에 떠오르는 생각을 지켜보십시오. 중요하지 않은 일상적이고 사소한 생각들도 많이 떠오르는 것을 경험할 수 있을 것입니다. 결론적으로 머릿속에 떠오르는 생각이 모두 중요한 생각은 아니라는 점을 알게 됩니다. 따라서 강박사고가 머릿속에 떠오른다고 해서 이것을 중요한 생각이라고 여기고 의미를 크게 부여하는 오류를 극복해야 합니다.

생각에 과도한 중요성을 부과하는 대표적인 인지적 오류 중에 사고-행위 융합이 있습니다. 원치 않는 강박사고 중에 특히 성적인 생각이나 종교적인 생각은 심한 죄책감을 불러일으킬 수 있는데, 예를 들어 근친상간을 하는 생각이나 신성모독적인 말이 떠오르는 경우가 이에 해당합니다. 이러한 도덕적 내용이 포함되어 있는 사고-행위 융합을 도덕적 융합이라고 부르기도 합니다. 이때 우리는 그런 생각을 하는 것만으로도 마치 그런 행위를 저지른 것과 같다는 왜곡된 평가를 하게 되는 것입니다. 이런 왜곡된 인지에 대해서는 '연속선 기법'이 유용합니다. 예를 들어, 타인을 해치는 상상을 반복하는 사람과 타인을 실제로 해치는 사람이 똑같이 나쁠까요? 일직선을 그어 놓고, 왼쪽 끝에는 그 사람에 대한 위험성 0%라고 쓰고 오른쪽에는 위험성 100%라고 써 놓은 다음, 두 사람이 이 연속선상에서 어느 정도의 위치에 있는지 표시해 보십시오. 도덕적인 사람이라도 타인을 해치는 상상은 할 수 있지만, 그런 행위를 실제 하지는 않습니다. 단지 그런 상상을 했다는 이유만으로 비도덕적인 사람이고 마치 실제 타인을 해친 사람과 동일하게 나쁜 사람이라고 생각하는 것은 인지적 오류입니다.

또 다른 사고-행위 융합에는 '가능성 융합'이라는 것이 있습니다. 이는 어떤 생각을 하는 것만으로도 그 일이 일어날 가능성이 커진다고 생각하는 인지적 오류로, 특히 주술적 강박사고가 있는 경우에 두드러집니다. 생각만으로도 실제로 나쁜 일이 벌어지며, 생각이 행위와 같다고 보는 현상을 일으키는 그릇된 믿음을 시험하기 위해 다음과 같은 연습을 할 수 있습니다. 처음에는 유치하게 보일 수도 있으나, 일부러 특정한 생각을 할 때 자신이 한 생각이 실제로 일어난다는 예언을 하게 될 때 이 연습을 해 보십시오. 그러면 주술적 사고에 관한 그릇된 믿음에 도전할 수 있게 됩니다.

금융사고 일으켜 보기

생각만으로 해킹이나 은행의 착오로 계좌의 돈이 잘못 빠져나가고 돈을 영영 찾을 수 없는 사고를 일으킬 수 있는지 실험해 봅시다. 일주일 동안 매일, 하루에 세 번씩, 해커가 당신의 계좌를 해킹하여 돈을 빼 가는 장면을 눈앞에 생생하게 그려 봅니다. 그리고 실제로 돈이 빠져나갔는지 일주일 뒤에 확인해 봅니다. 돈이 빠져나갔나요?

남대문에 화재 일으키기

일주일 동안 매일 종이에 '남대문에 화재가 일어날 것이다.'라고 써 봅니다. 매일 남대문에 화재가 일어난 상황을 마음속에 그리면서 백 번씩 반복해서 써 봅니다. 일주일이 흐른 뒤 뉴스나 신문을 확인해 봅니다. 당신의 생각이 실제로 일어날 수 있다면, 남대문에는 다시 화재가 일어났어야 할 것입니다.

로또에 당첨되기

월요일에 로또 복권을 구매하여 잘 보이는 곳에 붙여 놓고, 매일 30분씩 1등에 당첨되는 상상을 해 보도록 합니다. 마음속으로 당첨을 확인하는 자신의 모습을 최대한 생생하게 그려 보도록 합니다. 추첨 중계방송을 지켜보면서, 자신이 고른 번호가 뽑히는 데 집중합니다. 당첨되는 상상과 같은 생각이, 그 상상을 실제로 일어나도록 할 수 있는지 생각해 봅니다.

이상의 예를 참고하여 자신에게 맞는 내용으로, 자신의 그릇된 믿음에 도전해 볼 수 있습니다.

② 과도한 책임감

강박증 환자들이 흔히 보이는 인지적 오류 중에 과도한 책임감이 있습니다. 이는 어떤 사건에 대한 부정적인 결과가 일어난다고 생각했을 때, 객관적으로 평가되는 책임감에 비해 주관적으로 훨씬 과도하게 책임감을 느끼는 것입니다. 강박증 환자들은 이렇게 왜곡되게 인지한 과도한 책임감으로 인해 죄책감을 느끼게 됩니다. 따라서 자신의 실직이나 가족 또는 친척들이 병에 걸리는 등의 불행한 사건에는 다양한 원인이 있다는 사실을 간과하는 경향이 있습니다. 다시 말해, 비합리적인 사고방식임에도 강박증 환자들은 그러한 불행한 사건의 책임이나 원인을 자신에게 돌리려고 합니다. 다음의 설명에 따라 '파이형 도표'를 작성하면, 이러한 사건의 원인을 비합리적으로 자신에게 돌리는 대신, 보다 이성적이고 합리적으로 여러 가지 원인을 생각하는 데 도움이 될 수 있습니다.

파이형 도표를 설명하기 위해 다음 상황을 예로 들어 봅시다. 대기업 비서인 김영희 씨는 자신의 부주의함 때문에 다른 사람에게 피해가 갈지 모른다는 걱정에 반복적으로 집착합니다. 예를 들어, 사무실에서 자신이 바닥에 물을 엎질러 누군가 미끄러져 다치지는 않을까 하는 걱정 때문에 바닥과 물컵을 끊임없이 확인하고, 자신이 실수로 보고서를 잘못 작성하여 회사에 큰 손해를 끼치지 않을까 하는 생각에 같은 보고서를 수십 번씩 반복적으로 확인하느라 업무에 차질을 빚고 있습니다. 자신이 작성한 보고서가 잘못 저장되어 상부에 잘못된 수치가 보고되고 결과적으로 회사에 큰 손해가 발생할 것에 대한 과도한 걱정을 하기도 합니다. 문서 작성 후 저장하는 과정에서 컴퓨터 프로그램에 오류가 발생하여 잘못된 수치가 저장되거나, 혹은 보고서를 출력할 때 프린터의 오작동으로 그러한 문제가 발생할 수 있다고 생각하는 것입니다. 김영희 씨는 그렇게 되면 상부에서 그 실수를 추적하다가 결국 자신이 모든 책임을 뒤집어 쓸 것이라고 걱정합니다. 이렇게 그녀는 발생할 것 같지도 않은 오류에 대해 반복적으로 집착합니다. 이는 상당히 비논리적이고, 억지로 만들어 낸 걱정이라는 느낌이 들며, 심지어 자신도 이러한 걱정이 비합리적임을 알고 있습니다. 그런 일이 일어날 리 없음에도, 김영희 씨의 강박적인 사고는 자신의 실수가 회사의 몰락을 초래할 것이라고 생각하게 합니다. 이런 방식의 사고는 '부주의'를 제외한 다른 가능한 원인들을 간과하는 것입니다. '하향식 화살 기법'(Greenberger & Padesky, 1995)으로 알려진 방법을 이용해서 김영희 씨의 잘못된 집착을 구성하는 생각과 믿음을 보다 자세하게 살펴볼 수 있습니다.

내가 컴퓨터로 보고서를 작성한다.

⇩

보고서 작성 프로그램이 수치를 잘못 저장한다.

⇩

잘못된 보고서가 상부에 보고되고, 회사 경영에 문제가 발생한다.

⇩

보고서를 추적해 내가 잘못했음이 밝혀진다.

⇩

사직을 당하고, 사회적으로도 비난당한다.

⇩

다른 회사에도 취직을 하지 못한다.

⇩

나의 부주의함으로 회사에 막대한 손해를 끼쳤다는 죄책감에 시달린다.

물론 김영희 씨가 걱정하는 그런 오류는 실제로 발생한 적이 전혀 없습니다. 그리고 기업 경영 중 발생할 수 있는 영업적 손실에는 다양한 종류가 있습니다. 김영희 씨는 그러한 원인으로 환율 변동, 외부 요인에 의한 주가 변화, 경영진의 비리 등 법률적인 문제, 경쟁 회사의 혁신적인 신제품, 관계 법령의 수정 등을 예로 들었습니다. 이와 같이 자신의 행동이 어느 정도의 영향을 미칠 수 있는지 보다 객관적으로 평가하기 위해서는, 다양한 요인의 목록을 작성하고 각각의 요인이 손실을 일으킬 가능성을 생각하는 방법이 유용합니다. 〈표 10-1〉은 이 연습을 한 김영희 씨의 답안입니다. 모든 원인의 합은 100으로 계산합니다.

〈표 10-1〉 **과도한 책임감 사례: 경영 손실 유발 요인과 각 요인이 영향을 미쳤을 확률**

경영 손실 유발 요인	영향을 미쳤을 확률(%)
1. 환율 변동	10
2. 경쟁 회사의 혁신적인 신제품	20
3. 컴퓨터상의 잘못된 저장 혹은 프린터 출력 오류	5
4. 경영진의 잘못된 회의 결과	5
5. 제품 소비 유행의 변화	5
6. 주가의 변화	20
7. 관계 법령의 수정	15
8. 경영진의 비리 등 법률적인 문제	10
9. 원자재 가격 상승	10
총합	100

파이형 도표는 [그림 10-1]과 같은 모양이 됩니다.

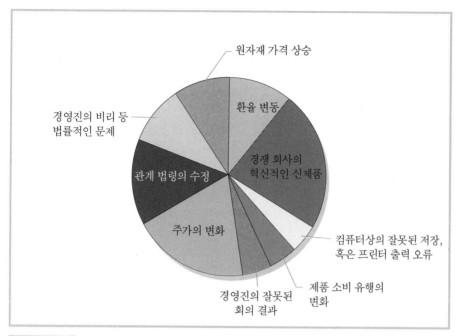

원자재 가격 상승

환율 변동

경영진의 비리 등
법률적인 문제

경쟁 회사의
혁신적인 신제품

관계 법령의 수정

컴퓨터상의 잘못된 저장,
혹은 프린터 출력 오류

주가의 변화

제품 소비 유행의
변화

경영진의 잘못된
회의 결과

그림 10-1 **각 요인이 영향을 미쳤을 확률**

더 현실적으로 책임을 받아들이기

김영희 씨의 사례를 참조하여 다음 연습을 해 봅시다. 이미 일어난 사고나 잠재적인 사고와 관련된 여러 요소들을 연상하여 각각의 확률을 평가함으로써 자신이 그 일에 얼마나 책임이 있는지를 파악할 수 있을 것입니다. 이는 죄책감과 책임에 대한 잘못된 추측을 수정하는 데 매우 효과적인 방법입니다. 타인에게 피해를 준 일과 관련하여 자신이 책임져야 한다는 강박적인 근심을 상세히 기록해 보십시오. 또는 자신의 태만으로 누군가가 부상당하는 가상 시나리오를 세세히 써 보십시오.

시나리오에 입각해서, 자신이 두려워하는 결과를 초래할 수 있는 모든 요인의 목록을 작성해 봅니다. 정답은 없으니 마음속에 떠오르는 대로 쓰면 됩니다. 각각의 요인이 자신이 상상한 시나리오에서 부정적인 결과에 기여하는 확률을 백분율로 산출하십시오. 합이 꼭 100이 되지 않아도 무방합니다.

이제는 스스로 다음과 같은 질문을 해 봅니다.

앞에서 기록한 발생 요인과 확률에 근거해 볼 때, 사건을 일으킬 확률이 높은 요인은 무엇인가?

그 답에 대한 증거는 무엇인가?

그 답은 하마터면 어떤 일이 일어났을지도 모른다는 당신의 느낌을 근거로 내린 것인가, 아니면 앞에 작성한 확률에 근거한 것인가?

자신이 내린 답을 확신하는가?

확신이 서지 않는다면, 확실히 알지 못하는 것에 대해 어느 정도의 불편함을 느끼는가?

그 사고에 대해 자신에게 얼마만큼의 책임이 있다고 평가하는가? (0~100%)

자신의 책임이 50% 이상이라고 답하였다면, 앞에 기록한 다른 모든 요인의 증거와 일관성이 있는가?

이런 연습을 근거로, 모든 사건에서 자신이 원인을 제공할 가능성보다는 다른 더 많은 요인이 그러한 사건의 원인이 될 수 있음을 명백하게 알 수 있게 됩니다. 보다시피 과실에 대한 책임 비율을 정확하게 나누는 것은 복잡한 일입니다. 그런데 강박증이 있는 사람의 두뇌는 이런 복잡한 계산에서 논리와 사실, 이 두 가지를 전부 무시합니다. 강박증 환자들은 확실하지 않은 상황에서 모든 것이 '나의 잘못이며, 나는 처벌받게 될 것'이라는 추측을 자동으로 하는 것입니다.

③ 완벽주의와 확실성에 대한 욕구

강박증 환자들은 흔히 불확실성에 대해 견디기 힘들어하는 경향을 보입니다. 이런 경향은 완벽하게 상황을 통제하거나, 완벽하게 일을 처리해야 한다는 완벽주의와 함께, 확실성에 대한 욕구를 일으킵니다. 이런 생각의 기저에는 '완벽하지 않으면 무가치하다'거나, '성공한 것이 아니라면 실패한 것'이라는 이분법적 사고, 즉 흑백논리가 작용하기 때문입니다. 이런 이분법적 사고를 극복하기 위해 평소에 삼분법적 사고를 연습해 보는 것도 유용한 방법입니다. 즉, 흑과 백 사이의 회색 영역에 대해 생각해 보고, 양극단보다 중간 지점에 있는 것이 더 적절한 경우는 없는지 생각해 보는 것입니다. 어떤 일을 할 때 매우 중요해서 반드시 잘해야 하는 일이 있는 반면, 적당히 평균 정도만 해도 전체 일의 흐름에 큰 영향을 주지 않는 일도 있습니다. 그 일을 평균 수준으로만 한다고 해서 그것이 반드시 실패한 것이고 잘못한 것이라고 말할 수는 없을 것입니다. 완벽주의적인 성향을 보이게 될 때, 성공과 실패 둘 사이의 중간인 적절한 정도로 수행 가능한 일은 없는지 각자 생각해 보도록 합니다.

완벽주의적인 성향은 간단한 행동 실험을 통해서도 교정될 수 있습니다. 완벽하게 필기해야 한다는 강박증이 있는 경우에는, 일부러 철자를 잘못 써 보거나, 줄을 비뚤비뚤하게 써 보십시오. 그리고 나서 이후에 어떤 부정적인 결과가 나타나는지 지켜보는 것도 한 가지 방법입니다. 사소한 실수를 한다고 해도 아무런 부정적인 사건도 발생하지 않는다는 것을 경험해 보는 것입니다.

④ 위험에 대한 과도한 평가

강박증 환자들은 위험한 사고가 발생하거나 심각한 질병에 걸릴 가능성에 대해서 실제보다 높게 평가하는 경향을 보입니다. 이런 경우에는 실제로 그런 위험한 사건이 일어날 확률을 계산해 봄으로써 자신이 객관적인 확률보다 과도하게 위험하다고 인지한다는 것을 확인할 수 있게 하는 '누적확률계산' 기법이 유용합니다. 예를 들어, 집에 화재가 나서 모두 불타 없어져 버린다는 최악의 상황을 상상하는 경우, 실제 그런 일이 일어나기 위해서 거쳐야 할 선행사건들을 나열하고, 그 각각의 확률을 계산해 보는 것입니다. 우선 의도하지 않게 작은 불꽃이 바닥에 떨어져야 하고(예: 1/10), 불이 카펫에 옮겨 붙어야 하고(예: 1/10), 가족 중의 누구도 불이 붙었다는 사실을 발견하지 못해야 하고(예: 1/100), 이후 불꽃이 더 커져서, 옆에 있는 가구에도 불이 옮겨 붙어야 하고(예: 1/10), 다시 가족

중의 누구도 가구에 불이 옮겨 붙은 것을 발견하지 못해야 하고(예: 1/100), 이후에는 집안 전체에 불이 옮겨 붙고(예: 1/10), 소방차가 와도 전혀 진압하지 못하는 상황(예: 1/100)이 되는 것을 생각한다면, 작은 불꽃 하나로 집 전체가 불타 없어질 확률은 1/10,000,000,000에 해당합니다. 이렇게 누적확률을 계산해 봄으로써, 스스로 막연히 크게 생각하고 있던 위험도보다 그 일이 실제로 벌어질 확률은 훨씬 낮음을 알 수 있게 됩니다.

제11장

마음챙김과 수용을 통한
강박증상 조절

약물치료와 함께 인지행동치료 회기를 마친 후 B군은 마음이 많이 편안해졌다는 것을 느낄 수 있었습니다. 또한 증상을 점수로 표시하였을 때, 증상이 가장 심한 상태에서 병원을 찾았을 때와 비교해 1/3 정도까지 줄어든 것을 알 수 있었습니다. 하지만 인지행동치료 마무리 회기가 되자, 지금까지 배운 것을 스스로 잘해 나갈 수 있을까 걱정이 되기 시작하였습니다. 마침 담당 선생님이 B군에게 강박증 환자를 대상으로 하는 명상 프로그램에 무료로 참여할 기회가 있다는 것을 소개해 주었습니다. B군은 좋은 기회라고 생각하고 마음챙김 명상 프로그램 참여를 자원하였습니다. 그동안 강박증상 자체는 많이 줄어들었지만 가끔 답답한 마음이 들거나, 설명할 수 없는 막연한 불안감이 남아 있던 B군은 명상 프로그램에도 함께 참여하면서 불안감과 우울감이 좀 더 줄어들기 시작하였습니다.

마음챙김(Mindfulness)이란 현재 순간에 완전히 집중하고, 안과 밖에서 경험되는 것들을 판단하지 않고 있는 그대로 주의를 기울이는 것입니다. 지난 20년간, 마음챙김 명상 분야는 정신질환의 치료라는 측면에서 크게 성장해 왔습니다. 이러한 치료의 중요성은 기존의 약물치료와 인지행동치료(CBT) 같은 표준적인 치료를 받는 환자에게 그 효과가 충분하지 않을 때 대안으로 시행할 수 있다는 점입니다. 이렇게 마음챙김 명상은 표준적인 치료를 최적화하면서, 더불어 치료 효과를 향상시키는 역할을 하는 데 의의가 있습니다.

잘 알려진 프로그램으로는 카밧진(Kabat-Zinn)이 개발한 '마음챙김에 기반한 스트레스 감소 프로그램(MBSR: Mindfulness based stress reduction)'과 시걸(Segal) 등이 개발한 '마음챙김에 기반한 인지 치료(MBCT: Mindfulness based cognitive therapy)'가 대표적입니다. MBCT는 우울증의 재발을 막기 위해 고안된 프로그램으로, 우울증, 범불안장애, 공황장애, 사회공포증 등에도 적용되고 있으며 그 효과가 증명된 바 있습니다. MBCT에서는 자동적으로 일어나는 부정적인 생각들이 단지 정신적인 현상일 뿐임을 깨닫게 하는 초인지적 관점을 제공함으로써, 환자들이 생각에 집착하거나 빠져들지 않게 합니다. 이것은 생각에 대한 탈중심적 · 탈동일시적 관점을 제공하는 것입니다.

❶ 강박증 환자를 위한 마음챙김 명상의 구체적 제안

마음챙김은 기본적으로 환자를 괴롭히는 강박사고를 있는 그대로 받아들이는 것입니다. 강박사고가 머릿속에 침투해 들어올 때, 단지 그 상태만을 알아차리고 다시 호흡에 집중합니다. 호흡을 하다 보면 다시 여러 가지 강박사고가 침투하지만, 그때마다 알아차리고 다시 호흡에 집중하는 것을 반복하는 훈련을 하게 됩니다. 초기에는 환자가 강박사고를 지속하려 하고, 이에 따라 강박행동까지 하려 하겠지만, 이 경우에도 그 상태를 그냥 수용하고 어떠한 판단이나 행위를 하지 않도록 교육합니다. 이렇게 함으로써 생각은 단지 생각일 뿐이라는 사실을 깨닫게 합니다. 또한 이러한 방법은 환자들이 자신을 반복적으로 비난하게 되는 행동양식(self-critical loop)을 감소시킵니다. 기존의 노출 및 반응 방지 치료에서 환자가 노력함에도 불구하고 강박행동을 할 때 자신을 비난하게 되는 행동양식이 많이 생기므로, 이 점에서 마음챙김 명상이 기존의 노출 및 반응 방지 기법보다 환자에게 스트레스를 덜 주는 방법이 될 수 있습니다. 마음챙김 명상 역시 기존의 노출 및 반응 방지 기법에서와 마찬가지로 강박사고에 노출시키지만, 환자가 행동을 억제하려고 노력하는 것이 아니라 강박사고를 단지 생각으로서만 인식하고 이에 반응하지 않는 것이 차이점입니다.

❷ 마음챙김 명상의 일곱 가지 기본 원칙

판단하지 마세요(Non-Judging)

우리는 일반적으로 편견과 선입견을 가지고 어떤 대상을 바라보게 되며, 그에 따라 판단하게 됩니다. 우리가 가지고 있는 강박증상에 대해서도 '싫다' '괴롭다'라는 판단을 하지 말고 단지 그 증상을 있는 그대로 바라보십시오. 또한 불쾌한 사건이 떠올랐을 때도 그와 관련되어 떠오르는 연속적인 생각들을 따라가지 않도록 노력해 보십시오. 떠오른 생각이 있다면 그냥 조용히 바라만 보는 것입니다.

인내심을 가지세요(Patience)

빨리 증상이 사라지기를 기대하지 마십시오. 마음에 여유를 가지고 천천히 바라보다 보면 저절로 증상이 약해집니다. 마음이 앞서면 마음챙김이 잘 되지 않습니다. 빨리 증상을 없애겠다는 생각을 버리고, 있는 그대로 증상을 바라보는 것이 더 빠른 길입니다. 마음챙김은 우리가 이전에 해 본 적이 없는 새로운 방법입니다. 따라서 이것을 잘할 수 있을 때까지는 시간이 필요합니다. 꾸준히 연습하되 인내심을 갖고 하십시오.

항상 새로운 마음으로 알아차리세요(Beginner's mind)

이전의 생각이나 경험에 근거해서 대상을 바라보지 마십시오. 항상 지금 이 순간에 나타나는 강박증상은 새로운 증상이라고 생각하고, 있는 그대로 수용하십시오. 지금 현재 나타나는 새로운 증상에 대해서만 알아차리면, 이전에 나타난 강박증상과 관련된 좋지 않은 기억들이 덜 떠오르게 됩니다.

믿음을 가지세요(Trust)

자신의 느낌에 대해서 가장 잘 알고 가장 잘 조절할 수 있는 사람은 바로 자기 자신입니다. 마음챙김을 통해서 자신의 강박증상을 조절할 수 있다는 믿음을 가진다면, 효과가 더 클 것입니다.

너무 애쓰지 마세요(Non-striving)

앞서도 말했듯이, 마음챙김이 빨리 되지 않는다고 너무 애쓰지 마십시오. 마음챙김은 결과보다 과정이 더 중요한 방법입니다. 과정에 충실하다 보면 결과가 더 빨리 좋아집니다. 마음챙김을 해도 강박증상이 빨리 호전되지 않는 것에 대해서 걱정하고 불안해진다면, 그때는 '걱정하는 마음' '불안한 마음'을 수용하고 바라보십시오. 마음챙김은 그 순간에 나타나는 현상을 바라보는 것입니다. 이런 식으로 마음챙김의 능력을 키우다 보면 강박증상도 조절될 수 있습니다.

수용하세요(Acceptance)

수용은 마음챙김에서 가장 중요한 부분입니다. 아무리 받아들이기 힘든 생각이더라도 일단 수용하는 순간 그 강도가 약해집니다. 수용은 포기가 아니라 더 나은 치료를 위한 첫걸음임을 꼭 기억하십시오.

집착하지 마세요(Letting-go)

마음챙김의 대상이 무엇이 되든지 그것에 집착하는 태도를 버려야 합니다. 그냥 내려놓고, 있는 그대로 바라보는 것이 마음챙김을 가장 잘하는 방법입니다.

❸ 마음챙김 명상을 이용한 강박증상 조절의 실제

다음에 기술한 마음챙김 명상은 정좌 명상을 하면서 신체의 긴장감을 이완하는 동시에 자신에게 찾아오는 불안감, 우울감과 같은 부정적인 감정들을 조절하고, 나아가 침투적인 강박사고를 편하게 대할 수 있게 해 주는 방법입니다. 앞에서 기술한 마음챙김 명상의 일곱 가지 기본 태도에 유념하면서 다음의 방법대로 명상을 해 보십시오.

❶ 일반적으로 앉아서 하는 명상에서는 두 다리를 포개어 앉기도 하는데, 만약 그 자세로 앉는 것이 불편하다면 스스로 다른 편안한 자세를 찾으면 됩니다. 의자가 있다면 의자에 앉아서 해도 됩니다.

❷ 이제 마음을 배에 모읍니다. 숨을 들이쉴 때 배가 볼록하게 팽창하는 느낌과 숨을 내쉴 때 배가 수축하는 느낌을 알 수 있습니다. 이때 자연스러운 호흡을 인위적으로 바꾸려 하면 안 됩니다. 숨을 천천히 쉬려 하거나, 빠르게 쉬려 하거나, 깊게 쉬려 하는 등의 노력을 하지 않습니다. 자연스러운 호흡의 흐름을 유지하면서 배가 부풀어 오르거나 내리는 움직임만을 지켜보아야 합니다.

❸ 이렇게 배에 마음을 모아 집중하는 중에, 몸의 여러 부분에서 여러 가지 다른 느낌이 생길 것입니다. 정좌 명상은 어떤 느낌이든지 그 느낌을 있

는 그대로 알아차리는 것입니다. 자신에게 느껴지는 모든 신체 감각에 대해서 있는 그대로 받아들이고 수용하는 것입니다. 신체 감각은 일시적으로 생겼다가 사라집니다. 따라서 그것과 싸우려 하지 말고, 편안하게 바라보면서 수용해 줍니다. 그러면 나를 방해하던 신체 감각은 약해지고 결국 사라지게 됩니다.

❹ 배가 부풀어 올랐다가 내려가는 움직임을 지켜보는 과정에서 정신적인 느낌이나 어떤 감정이 일어날 수 있습니다. 나타나는 감정 중에는, '불안함' '화남' '짜증남'과 같은 부정적인 감정뿐만 아니라, '편안함' '행복함' '기쁨' 등의 긍정적인 감정도 있습니다. 이러한 감정을 대할 때, 부정적인 감정이라고 해서 억누르거나 회피하려 하지 않고 오히려 있는 그대로 알아차려야 합니다. 또한 감정과 관련된 생각을 진행하지 않고, 있는 그대로, 비판단적으로, 감정을 수용하듯이 바라보아야 합니다. 필요하다면 집중을 위해서 '불안함' '화남' '짜증남'이라고 감정에 이름 붙이기를 해도 됩니다. 이렇게 하면 감정을 조금 더 멀리서 바라볼 수 있게 됩니다. 나를 괴롭히던 감정이 약해지는 것을 체험하는 것이 중요합니다.

❺ 마음챙김 명상이 익숙해지면, 떠오르는 강박사고에 대해서도 수용하는 태도로 바라보십시오. 이때 가장 중요한 점은 강박사고가 나의 의지와 상관없이 들어오는 침투적인 생각이기 때문에, 그것이 '나의 생각'이라는 태도를 버려야 한다는 것입니다. 그것은 나의 생각이 아니라, 나에게 찾아온 손님과 같은 것입니다. 강박사고를 침입자라고 생각해서 몰아내려고 애쓸 필요는 없습니다. 그냥 있는 그대로 맞이하십시오. 그리고 단지 알아차리세요. 필요하다면 '강박증'이라고 이름을 붙여서, 강박적인 생각에 거리 두기를 할 수 있습니다. 고요히 집중한 상태로 그 생각을 바라보면 생각의 강도가 약해집니다.

④ 알아차리고 가치 있는 일을 하자

마음챙김을 통해서 알아차림을 할 때는 분명하게, 집중해서 알아차려야 합니다. 알아차림의 강도가 높으면 높을수록 강박증상은 더 빨리 사라집니다. 그러고 나서, 자신에게 가치 있는 일을 하십시오. 가치 있는 일이란 자신에게 중요하고 의미 있는 일입니다. 공부나 기타 취미활동, 업무, 가정생활, 예술활동 등 자신이 하고 싶은 일입니다. 강박증으로 인해 그동안 하지 못한 일들을 다시 시작하십시오. 알아차림으로 인해 불안감이나 강박사고가 약해져서 강박행동을 덜 하는 대신 그 시간에 자신에게 가치 있는 일을 하면, 강박증은 더 빨리 호전됩니다. 예를 들어, 지속적으로 샤워하는 강박증이 있는 학생이라면, 마음챙김으로 샤워하는 것을 줄이고, 자신에게 가치 있는 일, 즉 공부에 바로 집중하면, 강박증이 더 빨리 호전됩니다.

우리가 이렇게 마음챙김과 수용을 열심히 해야 하는 목적이 무엇일까요?

일차적으로는 강박증상에 끌려 가지 않고, 우리 스스로 강박증상을 조절할 수 있는 힘을 기르는 데 목적이 있습니다. 우리는 그동안 강박증상이 너무 강해서, 또는 마음이 너무 불안해서 강박증상을 반복할 수밖에 없다고 생각했습니다. 하지만 비록 불안하더라도 그때 그 상황을 있는 그대로 바라보면, 어느 정도 마음에 여유가 생겨서 강박증상에 끌려 가지 않을 수 있을 것입니다.

PART 04

강박증으로부터
자유로운 건강한 삶

제12장

건강한 생활을 방해하는 요소

▶▶▶

> B군이 처음 병원을 찾은 지도 1년이 넘는 시간이 흘렀습니다. 마음도 많이 편해졌고, 증상을 조절하는 데도 자신감이 생긴 B군은 담당 선생님과 함께 병원에 더 이상 오지 않는 것에 대하여 상의하였습니다. 담당 선생님은 증상의 재발 방지를 위한 인지행동치료 기법의 복습과 함께 조심스럽게 약을 줄여 보자고 하였습니다. 졸업 학기가 되면서 취업 준비와 각종 스터디 등으로 병원 진료 시간을 맞추기가 어렵게 된 B군은 약이 떨어졌지만 예약된 날짜에 병원에 가지 않게 되었고, 밤을 새우는 일이 점차 많아지고 불규칙한 생활을 하게 되면서 스트레스를 받는 일이 많아졌습니다. 처음만큼 심하지는 않지만 어느 순간에서부터인지 모르게 다시 예전의 확인하는 행동을 하고 있는 자신을 발견하게 된 B군은 강박증이 나은 것이 아니었구나 하는 실망 및 좌절감과 함께 다시 병원을 찾았습니다.

① 당부의 말

제일 중요한 것은 여러분 스스로 치료자가 되는 것입니다. 자신의 증상에 대한 치료자가 되어 주십시오. 인지행동치료(CBT)는 치료자가 일방적으로 처방하고 이끌어 가는 치료 방법이 아닙니다. 치료자는 환자 여러분이 자신의 강박 사고와 강박행동에 대항하여 싸울 수 있도록 인지적 전략과 행동적 전략을 제시하고, 스스로 이를 사용할 수 있도록 돕는 코치입니다. 실제로 운동장에 나가서 뛰어야 할 사람은 여러분 자신이라는 말입니다. 치료 과정에서 가장 효과적인 결과를 얻기 위해서는 환자 여러분이 치료 과정에 적극적으로 참여하는 것이 필수적입니다.

다음으로, 약속을 지키는 것은 매우 중요합니다. 일단 집단 CBT 과정에 참여한 이상, 반드시 전체 회기에 시간을 지켜 참여하도록 합시다. 이는 치료자뿐 아니라 함께 참여하는 다른 사람들에 대한 배려이며 예의입니다.

그리고 정직하고 개방적이 되십시오. 자신의 경험이나 사고, 감정들에 대하여 거르지 말고 솔직하게 나누어야 도움을 받을 수 있습니다.

아울러 치료의 일부로 제시되는 과제를 집에서 반드시 수행합시다. CBT에서 과제는 필수적입니다. 강박사고와 강박행동을 야기하는 상황이나 대상은 환자마다 다양합니다. 치료실에서 이런 모든 상황과 대상을 접할 수 없기 때문에 과제를 통하여 개별 상황과 대상에 도전해야만 합니다. 또한 과제를 통하여 치료 시간에 습득한 전략들을 자신의 것으로 만들고 자유롭게 사용할 수 있도록 연습하게 됩니다. 과제는 반드시 수행하기 바랍니다.

② 강박증 치료 시 가족의 참여

강박증을 지닌 환자의 가족들은 환자가 보이는 강박증상들로 인해 함께 생활하는 데 심한 불편감을 느끼기도 하고, 한편으로는 환자에 대한 안쓰러움과 연민을 느끼게 됩니다. 그래서 환자가 보이는 강박증상들이 합리적이지 못하고 때로는 바보스럽게 보여도, 어느새 환자의 행동을 도와주는 경우가 있습니다. 예를 들어, 강박적으로 손을 씻는 환자의 경우 비누와 수건을 사다 준다거나, 오염에 대한 두려움이 있는 환자의 경우 손을 씻고 환자를 만난다거나 하는 것들입니다. 결국 원하지 않음에도 가족이 어느새 환자의 편이 되어 증상이 지속되도록 하는 것입니다.

환자의 치료를 위하여, 나아가서는 환자를 포함해 가족 모두의 평안을 위해서도 치료에 가족이 동참할 필요가 있습니다.

❸ 강박증 CBT에서 부모의 역할은 무엇일까?

첫째, 격려자의 역할입니다. 환자는 지금 강박증이라는 거대한 증상에 맞서 싸우고 있습니다. 힘들고 외로운 과정에 서 있는 환자에게 힘을 내어 증상과 맞서 싸울 수 있도록 격려해 주십시오. 환자가 치료 과정에서 얼마나 힘들게 애를 쓰고 있는지 부모가 알고 있다는 것을 표현해 주십시오. 그리고 자녀의 좋은 점과 잘하는 점을 지속적으로 찾고 이를 칭찬해 주십시오. 자녀의 긍정적인 면에 관심을 둘수록 증상에 대한 관심은 적어지게 됩니다. 되도록 증상에 대해 관심을 두지 말고 긍정적인 면에 초점을 맞추기 바랍니다.

둘째, 부모님과 가족도 이미 환자의 치료에서 또 한 명의 치료자입니다. 환자와 상의한 후에, 환자가 허락하는 범위에서 치료적인 역할을 수행하는 것입니다. 병원에는 전문 치료자들이 있습니다. 하지만 전문 치료자들이 환자와 함께할 수 있는 시간은 한정되어 있습니다. 부모님과 가족은 환자와 더 많은 시간을 보내며, 치료적인 도움을 직접적으로 줄 수 있습니다. 자녀의 증상에 대한 보조 치료자가 되어 주십시오.

가족의 치료적 개입에 대해 환자는 어떻게 생각해야 할까요?

사실, 강박증상으로 인해 가장 고통받는 사람은 환자 자신입니다. 그러나 한 번 눈을 돌려 보십시오. 같이 생활하고 있는 가족을 둘러보십시오. 당신의 증상으로 인해, 그들도 당신만큼 고통받고 있습니다. 본의 아니게 당신에게 화를 내기도 하고 짜증을 내기도 합니다. 가족의 짜증이나 화로 인해 상처를 받는 당신의 모습이 떠오릅니다. 그러나 그렇게 짜증을 내고 화를 내는 가족의 상처도 당신 못지않습니다. 이제 부모님을 비롯해 가족이 당신의 치료를 위해 적극적으로 개입하게 될 것입니다. 당신이 강박적으로 해 오던 행동들을 가족이 곁에서 중지시킬 수 있습니다. 이때 당신은 얼마나 불안을 느끼게 될까요? 예상되는 불안 정도에 따라 증상 목록을 만들어 볼 수도 있습니다.

④ 가족이 치료에 개입할 때 주의할 점은 무엇일까?

첫째, 가족은 환자의 증상에 대해 그저 "하지 마."라는 지시를 내리기 위한 사람이 아닙니다. 병원에서 진행되고 있는 치료 과정이 가정에서도 이루어질 수 있도록 도와주는 역할을 하는 것입니다. 환자 스스로 과제를 수행하고 성취감을 느낄 수 있도록 도와주십시오. 가족은 환자를 나무라는 사람이 아니라 강박증상에 맞서 싸우기 위해 환자와 손을 잡은 협력자입니다. 이를 위해선 무엇보다도 환자의 증상이 소거되도록 도와주고 격려하는 것이 중요합니다. 무슨 말이냐고요? 환자는 지금 강박증이라는 병을 앓고 있습니다. 마치 폐렴이라는 병을 앓고 있는 것처럼 말입니다. 우리는 폐렴에 걸린 사람에게 "왜 그 병에 걸렸니?" "열 나지 마라." "기침하지 마라."라고 얘기하지는 않습니다. 그것은 그 사람의 선택이 아니기 때문입니다. 강박증도 마찬가지입니다. 강박증을 앓고 있는 환자에게 왜 그런 행동을 하느냐, 하지 말라고 하는 것은 마치 폐렴에 걸린 사람에게 "열 나지 마라."라고 말하는 것과 다를 바 없습니다. 폐렴에 걸린 아들에게 해열제를 먹이고 냉찜질을 해 주는 것처럼, 부모님은 강박증을 앓고 있는 자녀의 증상이 소거되도록 옆에서 도와주고 격려해 주는 역할을 하여야 합니다.

둘째, 증상에 맞서 싸우기 위해 최전선에 서 있는 사람은 환자라는 사실을 기억하십시오. 최선을 다하고 있는 환자에게 가장 도움이 되는 것은 환자 스스로 과제를 수행할 수 있도록 도와주시는 것입니다. 결코 환자에게 과제를 강요해서는 안 됩니다.

가족의 따뜻하고 적극적인 참여가 환자의 증상을 치료하는 데 매우 중요함을 다시 한 번 강조합니다.

❺ 동기의 결여

강박증으로부터 자유로워지는 일은 힘든 작업이며 시간이 걸리므로 때로 의욕이나 동기가 약해지는 시기를 경험하게 됩니다. 여기에서 이를 극복하는 방법을 소개하겠습니다. 강박증이 사라지면 가족과의 생활, 관계, 일, 직업, 그리고 여러 다른 측면에서 자신의 인생이 어떻게 달라지며 개선될지를 다음에 나오는 빈칸에 몇 줄의 문장으로 아주 상세히 적어 봅시다. 그런 다음, 이 문장을 메모지 여러 장에 적어 자주 상기할 수 있도록 냉장고 문, 욕실 거울 등 다양한 곳에 붙입니다. 치료에 대한 열의가 식고 포기하고 싶은 심정이 될 때, 자신이 쓴 메모를 읽으면 그 메모가 활력제가 되어 빨리 초심으로 돌아가게 해 줄 것입니다.

또 다른 방법으로 스스로 동기를 부여하는 5~10줄 정도의 진술문을 써서 녹음합니다. 진술문을 쓰는 법은 이미 앞에서 소개한 바 있습니다. 자신만의 특정한 증상과 상황을 기입한 후 거기에 더 이입할 수 있도록 많은 감정을 넣어 완성된 진술문을 읽으세요. 좀 더 사실적으로 느낄 수 있도록 자신의 배우자, 파트너 혹은 치료자에게 대신 녹음해 달라고 부탁해도 무방하지만, 자신의 목소리로 녹음해도 괜찮으며, 편한 쪽으로 선택하면 됩니다.

안녕하세요? 저는(당신은) _____ 입니다. 저는(당신은) 수년간(수개월간) 강박증을 앓고 있습니다. 저의(당신의) 문제는 (씻기, 확인하기, 반복하기, 정렬하기, 침투사고 등)입니다. 이 문제로 인해 저는(당신은) 자유로운 삶을 살지 못하고 있습니다. 이 문제가 저의(당신의) 삶에 영향을 끼치는 바는 다음과 같습니다. (자신의 삶에서 가족, 일, 목표, 소망, 그리고 꿈에 강박증이 부정적으로 영향을 미친 사항을 나열한다.) 저나(당신이나) 그 누구도 제가(당신이) 강박증을 앓게 했다고 탓할 수 없으며, 저에게(당신에게) 이를 극복해야 할 전적인 책임이 있습니다. 저는(당신은) 더 이상은 강박증상을 못 참을 시점에 다다랐습니다. 저는(당신은) 강박증이 기껏해야 경미하고 하찮은 정도의 불편으로 느껴지는 삶을 성취하기 위해 온 힘을 다할 것입니다.

이를 이루기 위해서 저는(당신은) 반드시 저의(당신의) 절망하고 패배의식이 가득한 태도를 희망의 태도로 바꾸어야만 합니다. 저는(당신은) 더 이상 강박증을 부끄러워하며 어두운 그림자 속에 숨어 살지 않겠습니다. 저는(당신은) 온전한 사람이며 많은 장점이 있습니다. 저의(당신의) 장점은 _____

_____ 입니다.

(자신의 장점을 적어도 다섯 가지 넘게 적도록 한다.)

저의(당신의) 증상이 저의(당신의) 모든 것은 아니니까요!

강박증상으로 인해 대부분의 시간에 저(당신) 혼자라고 느끼지만, 저는 (당신은) 혼자가 아닙니다. 제가(당신이) 겪는 고통을 이해하는 수천 명의 사람이 존재하니까요. 저는(당신은) 이런 사람들에게 도움과 이해의 손길을 뻗칠 수 있습니다. 그리고 저는(당신은) 이해하지 못하는 이들에게 분노, 비난, 그리고 부정하는 태도를 버리고, 참을성을 배워야 합니다. 유익한 정보와 교육을 통해 그들도 조금씩 눈을 뜨고 강박증을 이해하게 될 테니까요. 세상이 저를(당신을) 위해서 변해야 한다는 고집을 포기해야 합니다. 제가 (당신이) 스스로 태도를 변화시키고 강박증을 치료할 때, 세상의 변화도 일어날 수 있습니다.

강박증에 지배되지 않는 삶을 살려면, 저는(당신은) 불신의 태도를 믿음의 태도로 바꾸려고 애써야 합니다. 비록 제가(당신이) 전에 실망했다 하더라도, 마음을 깨끗이 비워야 합니다. 저는(당신은) 제가(당신이) 두려워하는 공포에 맞서도록 도와주는 의사, 전문가, 개인, 단체, 또는 프로그램을 신뢰해야 하며, 그들 또는 그것이 회복의 길로 저를(당신을) 인도하도록 허락해야 합니다. 극도로 두렵기는 해도 저는(당신은) 어떤 것이라도 감수할 마음의 준비가 되어 있습니다. 저는(당신은) 이 목표를 달성하기 위해 온 마음을 다할 것입니다.

저는(당신은) 약을 규칙적으로 복용하고 의사의 처방을 철저히 따를 것을 맹세합니다. 저는(당신은) 연약한 두뇌에 나쁜 영향만 끼치는 약물 남용 없이 깨끗한 삶을 살 준비가 되어 있습니다.

저는(당신은) 인지행동치료의 원리를 이용하여 매일 일어나는 저의(당신의) 공포에 맞설 마음의 준비가 되어 있습니다. 저는 저의(당신의) 논리적인 두뇌와 강박적인 두뇌의 차이를 구별해 내는 훈련에 임하는 중입니다. 저는(당신은) 저의(당신의) 강박적인 두뇌가 보내는 신호가 거짓이며 강박행동은 오직 시간낭비일 뿐임을 깨닫고 있습니다. 강박사고는 그저 공포영화에 나오는 유령과 도깨비 같은 허상일 뿐이며, 순간적으로 사실적으로 보일 수도 있으나 실제로는 그렇지 않다는 것을 압니다.

　만약 제가(당신이) 강박증에 현혹되어 그 심상과 신호가 마치 실제인 것처럼 반응을 보인다면, 강박증이 저를 이기는 것이며 점점 저를(당신을) 통제하는 힘이 커질 것입니다. 강박행동을 하려는 충동의 빨려 드는 듯한 힘에 저항한다면, 제가(당신이) 이기는 것이죠. 강박증에 항복하지 않을 때 대단한 불편함을 감수해야 하지만, 제가(당신이) 그 불편함을 참고 끝까지 인내하면 마침내 강박행동을 하려는 충동은 자멸할 것입니다. 저는(당신은) 이제 이 무시무시한 괴물과의 결투를 승리로 이끌 마음의 준비가 되었습니다. 저는(당신은) 강박증을 증오하며 완치하겠다는 의지로 불탑니다. 저는(당신은) 모든 것을 걸고 강박행동을 하고 싶다는 충동을 인내하겠습니다. 저의(당신의) 강박증을 제압하기 위한 힘과 용기가 매일매일 자라고 있습니다.

　다음은 여러분이 CBT를 시작했을 때 자기 평가를 했던 것과 동일한 평가들입니다. 4개월간 CBT를 수행한 후 다시 한 번 평가해 보기 바랍니다.

한국판 예일–브라운 강박 척도

〈강박증상 목록〉

	공격적 강박사고	
1	나 자신에게 해를 입힐까 봐 매우 두렵다. (예: 날카로운 물체를 다룰 때 두려움)	☐
2	다른 사람에게 해를 입힐까 봐 매우 두렵다. (예: 열차 앞으로 누군가를 밀어 버릴지 모른다는 두려움, 누군가의 감정을 상하게 할 것 같은 두려움)	☐
3	마음속에 폭력적이거나 무서운 장면이 떠오른다. (예: 살인하는 장면, 토막 난 시체)	☐
4	음란한 말이나 무례한 말을 무심코 내뱉을까 봐 매우 두렵다.	☐
5	무언가 창피한 행동을 할까 봐 매우 두렵다. (예: 사회적 상황에서 바보처럼 보이는 것)	☐
6	원치 않는 충동을 행동으로 옮길 것 같아 매우 두렵다. (예: 친구를 칼로 찌르는 것)	☐
7	물건을 훔칠 것 같아 매우 두렵다. (예: 쇼핑 중에 물건을 슬쩍 해 오는 것)	☐
8	충분히 주의하지 않아서 다른 사람에게 해를 끼칠까 봐 매우 두렵다. (예: 뺑소니 사고)	☐
9	나의 책임으로 그 밖의 무언가 끔찍한 일이 생길까 봐 매우 두렵다. (예: 집을 비우기 전에 확인을 하지 않아 화재나 도난 사건이 일어나는 것)	☐
	오염 강박사고	
10	신체 배설물이나 분비물에 대해 걱정하거나 혐오한다. (예: 대소변, 침)	☐
11	더러운 것이나 병균에 대해 걱정한다. (예: 손잡이를 만질 때 병균이 옮을 것 같음)	☐
12	환경 오염물질에 대해 지나치게 걱정한다. (예: 석면, 방사능, 독성 폐기물)	☐
13	특정한 가정용 세제에 대해 지나치게 걱정한다. (예: 락스, 유기용매)	☐
14	동물에 대해 지나치게 걱정한다. (예: 곤충, 개 등을 만져서 오염될 것 같은 두려움)	☐
15	끈적거리는 물질이나 찌꺼기에 신경이 쓰인다. (예: 접착테이프가 오염물질을 포함하고 있을 것 같은 두려움)	☐
16	오염물질로 인해 내가 병에 걸릴 것 같아 걱정한다.	☐
17	내가 적극적으로 오염물질을 퍼뜨려서 다른 사람을 병들게 할 것 같아 걱정한다. (예: 유독물질을 만진 후 다른 사람을 만지는 것)	☐

	성적 강박사고	
18	마음속에 금지된 또는 변태적인 성적인 생각, 장면, 충동이 떠오른다.	☐
19	마음속에 어린아이 또는 근친상간과 관련된 내용의 성적인 생각이 떠오른다. (예: 자녀나 다른 아이들에게 성적으로 치근덕거리는 생각)	☐
20	마음속에 동성애와 관련된 내용의 생각이 떠오른다. (예: 전혀 근거가 없음에도 '내가 동성애자일까?' 라는 생각이 떠오름)	☐
21	누군가를 향해 공격적으로 성적인 행동을 하는 생각이 떠오른다. (예: 낯선 사람이나 친구, 가족들을 향해 폭력적인 성적 행동을 하는 장면)	☐
	축적/절약 강박사고	
22	무언가를 쌓아 두거나 절약해야 한다는 강박사고가 있다. (예: 겉으로 보기에 중요하지 않은 물건조차도 미래에 필요할지 모른다는 생각에 갖다 버리는 것을 걱정함)	☐
	종교적 강박사고(정직함)	
23	신성모독 또는 불경스러움에 대해 걱정한다. (예: 신성모독적인 말이나 행동으로 인해 처벌받을 것을 두려워함)	☐
24	도덕성에 대해 지나치게 걱정한다. (예: 항상 옳은 일을 해야 함)	☐
	대칭 또는 정확성에 대한 욕구와 관련된 강박사고	
25	대칭과 정확성에 대한 강박사고가 있다. (예: 서류와 책들이 똑바로 정렬되어 있는지 걱정함, 계산과 필기가 완벽하게 되었는지를 걱정함)	☐
	기타 강박사고	
26	특정한 무언가를 알거나 기억하고 있어야 한다. (예: 자동차 번호판, 배우 이름 등)	☐
27	특정한 무언가를 말할까 봐 매우 두렵다. (예: 숫자 '4', 특정 단어)	☐
28	딱 알맞은 말을 하지 못할까 봐 매우 두렵다. (예: 틀린 것을 말할까 봐 걱정)	☐
29	물건을 잃어버릴까 봐 매우 두렵다. (예: 지갑, 메모지 등)	☐
30	마음속에 폭력적인 내용은 아니지만 어떤 장면이 자꾸 떠올라 신경이 쓰인다.	☐
31	마음속에 무의미한 소리, 단어, 음악이 자꾸 떠올라 신경이 쓰인다.	☐
32	특정 소리나 소음에 신경이 쓰인다. (예: 시계의 똑딱거리는 소리)	☐
33	나에게는 행운 또는 불행의 숫자가 있다. (예: '13'이라는 숫자를 걱정하여 행운의 시간이 될 때까지 활동을 미룸)	☐
34	나에게 어떤 색깔은 특별한 의미를 지닌다. (예: 검은색은 죽음을 뜻함)	☐

35	미신적인 두려움이 있다. (예: 장례 차를 지나갈 때 두려움)	☐
	신체적 강박사고	
36	질병에 걸릴까 봐 걱정한다. (예: 암, 심장병, 에이즈)	
37	신체의 어떤 부위 또는 외모에 대해 지나치게 염려한다. (예: 몸이나 얼굴 모양이 변형되는 것에 대한 공포)	☐
	청결/세척 강박행동	
38	지나치게, 또는 일정한 방식으로 손을 씻는다. (예: 오랜 시간 손이나 팔을 씻음)	☐
39	지나치게, 또는 일정한 방식으로 샤워, 목욕, 양치질, 몸치장, 배변행위 등을 한다. (예: 몇 시간씩 샤워를 하고, 순서가 잘못되면 처음부터 다시 시작하기도 함)	☐
40	가정용품이나 기타 물건을 지나치게, 또는 일정한 방식으로 청소한다. (예: 수도꼭지, 화장실, 주방 기구 등을 지나치게 청소함)	☐
41	오염물질과의 접촉을 미리 막거나, 또는 오염물질을 제거하기 위한 다른 수단을 사용한다. (예: 가족들에게 대신 만져 달라고 부탁하기, 장갑 끼고 만지기)	☐
	확인 강박행동	
42	다른 사람에게 해를 입히지 않았는지 확인한다. (예: 내가 알지 못하는 상태에서 누군가에게 상처를 입히지 않았는지를 주변에 확인)	☐
43	나 자신에게 해를 입히지 않았는지 확인한다. (예: 날카롭거나 깨지기 쉬운 물건을 만진 후 다치지 않았는지 확인)	☐
44	끔찍한 일이 일어나지 않았는지 확인한다. (예: 내가 했다고 믿는 끔찍한 일에 대해 신문을 뒤지는 것)	☐
45	실수를 하지 않았다는 것을 확인한다. (예: 집을 나설 때 문을 잠갔는지, 가스레인지 불을 껐는지, 콘센트에서 전기 코드를 뺐는지 등을 반복해서 확인)	☐
46	신체적 강박사고와 관련된 내용을 확인한다. (예: 암에 걸리지 않았다는 것을 의사에게 거듭 확인, 거울을 보면서 외모에 이상이 없는지 확인)	☐
	반복적인 강박행동	
47	읽기, 쓰기를 필요 이상으로 반복한다. (예: 방금 읽은 내용을 이해하지 못했을까 봐 걱정함, '완벽한' 단어 또는 문구를 찾음)	☐
48	일상적인 활동을 필요 이상으로 반복한다. (예: 전기 제품을 껐다 켰다 하기, 문 들락날락하기)	☐
	숫자 세기 강박행동	
49	숫자를 세고 또다시 세게 된다. (예: 바닥 타일, 책꽂이의 책, 벽의 못 등)	☐

정리/배열 강박행동	
50.	물건을 순서대로 놓은 다음 또다시 정렬하고, 정리한 다음 또다시 정리한다. (예: 책상 위의 서류나 볼펜, 책꽂이의 책을 똑바로 정리하기)	☐
축적/수집 강박행동	
51.	무언가를 쌓아 두거나 수집하는 강박행동이 있다. (예: 오래된 신문 쌓아 두기, 쓰레기통이나 길거리에서 쓸모 없는 물건 주워 오기)	☐

출처: 설순호 외(2013).

〈강박사고 평가〉

'강박증상 목록'에서 체크한 강박사고를 살펴보고, 다음 다섯 문항에 답해 주십시오. 오늘을 포함한 지난 7일 동안을 기준으로 하여, 자신을 가장 잘 나타낸다고 생각되는 문장을 하나 선택해 주세요.

1. 얼마나 많은 시간 동안 강박사고에 빠져 있습니까? 강박사고는 얼마나 자주 떠오릅니까?

0 전혀 없다—여기에 체크한다면 2, 3, 4, 5번 문항에도 0에 체크하고 6번 문항으로 가십시오.

1 하루에 1시간 미만, 혹은 이따금씩 강박사고가 침투한다.
하루에 8회 넘게 강박사고가 떠오르지는 않는다.

2 하루에 1시간에서 3시간까지, 혹은 빈번하게 강박사고가 침투한다.
하루에 8회 넘게 강박사고가 떠오르지만, 대부분의 시간은 강박사고로부터 자유롭다.

3 하루에 3시간 이상, 길게는 8시간까지, 혹은 아주 빈번하게 강박사고가 침투한다. 하루에 8회 넘게, 대부분의 시간 동안 강박사고가 떠오른다.

4 하루에 8시간 넘게, 혹은 거의 지속적으로 강박사고가 침투한다.
강박사고가 셀 수 없이 많이 떠오르며, 강박사고가 생각나지 않고 보내는 시간이 거의 없다.

2. 강박사고가 당신의 사회적 · 직업적 기능을 얼마나 방해합니까? 강박사고 때문에 할 수 없는 일들이 있습니까?

(만약 당신이 현재 직업을 가지고 있지 않다면 강박사고가 당신의 일상적인 활동을 얼마나 방해하는지 생각해 보십시오.)

0 전혀 방해받지 않는다.

1 약간: 사회적 · 직업적 활동에서 경미한 방해가 있지만, 전반적인 수행에 방해되지는 않는다.

2 중간: 사회적 · 직업적 활동에서 명백한 방해가 있지만, 아직은 감당할 만하다.

3 심한: 사회적 · 직업적 활동에서 매우 큰 손상이 야기된다.

4 극심한: 아무것도 할 수 없는 무능력한 상태다.

3. 강박사고로 인해 얼마나 고통스럽습니까?

0 전혀 고통스럽지 않다.

1 약간: 가끔씩 있는 그리 괴롭지 않은 고통이다.

2 중간: 빈번하고 괴로운 정도의 고통이지만 아직은 감당할 만하다.

3 심한: 아주 빈번하고 매우 괴로운 고통이다.

4 극심한: 거의 지속적이며 아무것도 할 수 없을 정도의 고통이다.

4. 강박사고에 저항하기 위해 얼마나 많은 노력을 기울입니까?

강박사고가 마음속에 떠오를 때, 이를 무시하거나 주의를 돌리기 위해 얼마나 자주 노력합니까?

(이 문항은 당신이 강박사고를 통제하는 데 얼마나 성공적이었나를 보려고 하는 것이 아닙니다. 단지 당신이 얼마나 많이, 얼마나 자주 강박사고에 저항하기 위해 노력하는지에 관심이 있습니다.)

0 나는 항상 강박사고에 저항하려고 노력한다.

혹은 강박사고가 아주 미미하여 적극적으로 저항할 필요성을 느끼지 못한다.

1 나는 대부분의 시간(하루의 절반 이상) 동안 강박사고에 저항하려고 노력한다.

2 나는 강박사고에 저항하려고 어느 정도의 노력을 한다.

3 나는 강박사고를 통제하려고 하지 않고, 어쩔 수 없이 강박사고가 떠오르도록
   내버려둔다.

4 나는 완전히, 기꺼이 모든 강박사고가 떠오르도록 내버려 둔다.

5. 강박사고를 얼마나 통제할 수 있습니까?

얼마나 잘 강박사고를 멈추거나 주의를 돌릴 수 있습니까?

(만약 당신이 강박사고에 저항하려는 노력을 한 적이 거의 없다 할지라도, 이 문
항에 답하기 위해 흔치는 않지만 당신이 강박사고를 멈추려고 노력한 경우를 생
각해 보십시오.)

0 완전히 통제한다.

1 상당한 통제: 약간의 노력과 집중력을 기울여 보통 강박사고를 멈추거나 주의
   를 돌릴 수 있다.

2 중간 정도의 통제: 때때로 강박사고를 멈추거나 주의를 돌릴 수 있다.

3 약간의 통제: 강박사고를 멈추는 경우는 거의 없고, 어렵게 주의를 돌리는 정
   도만 가능하다.

4 통제 불가: 잠깐이라도 강박사고를 무시할 수 있는 경우가 거의 없다.

〈강박행동 평가〉

'강박증상 목록'에서 체크한 강박행동을 살펴보고, 다음 다섯 문항에 답해 주십
시오. 오늘을 포함한 지난 7일 동안을 기준으로 하여, 자신을 가장 잘 나타낸다
고 생각하는 문장을 하나 선택해 주세요.

6. 강박행동에 얼마나 많은 시간이 소비됩니까? 강박행동을 얼마나 자주 합니까?

(만약 당신의 강박행동이 일상적인 활동과 관련이 있다면, 강박행동으로 인해 일상
적인 활동을 완수하는 데 얼마나 많은 시간이 지체되는지를 생각해 보십시오.)

0 전혀 없다―여기에 체크한다면 7, 8, 9, 10번 문항에도 0에 체크하세요.

1 하루에 1시간 미만, 혹은 이따금씩 강박행동을 한다.

  하루에 8회 넘게 강박행동을 하지는 않는다.

2 하루에 1시간에서 3시간까지, 혹은 빈번하게 강박행동을 한다.

  하루에 8회 넘게 강박행동을 하지만 대부분의 시간은 강박행동으로부터 자유
  롭다.

3 하루에 3시간 이상, 길게는 8시간까지, 혹은 아주 빈번하게 강박행동을 한다.

  하루에 8회 넘게 대부분의 시간 동안 강박행동을 한다.

4 하루에 8시간 넘게, 혹은 거의 지속적으로 강박행동을 한다.

  강박행동이 셀 수 없이 많고, 강박행동을 하지 않고 보내는 시간이 거의 없다.

**7. 강박행동이 당신의 사회적·직업적 기능을 얼마나 방해합니까? 강박행동 때문에
할 수 없는 일들이 있습니까?**

(만약 당신이 현재 직업을 가지고 있지 않다면, 강박행동이 당신의 일상적인 활동
을 얼마나 방해하는지 생각해 보십시오.)

0 전혀 방해받지 않는다.

1 약간: 사회적·직업적 활동에서 경미한 방해가 있지만, 전반적인 수행에 방해
  되지는 않는다.

2 중간: 사회적·직업적 활동에서 명백한 방해가 있지만, 아직은 감당할 만하다.

3 심한: 사회적·직업적 활동에서 매우 큰 손상이 야기된다.

4 극심한: 아무것도 할 수 없는 무능력한 상태다.

8. 만약 강박행동을 못하게 한다면 어떻게 느껴질까요? 얼마나 불안할 것 같습니까?

0 전혀 불안하지 않다.

1 강박행동을 못하게 한다면 단지 조금만 불안하다.

2 강박행동을 못하게 한다면 불안이 증가하겠지만 감당할 수 있다.

3 강박행동이 방해받으면 불안이 현저하게 증가하여 상당히 괴롭다.

4 강박행동을 감소시키려는 목적의 어떠한 개입에도, 아무것도 할 수 없을 정도
　의 극도의 불안이 밀려 온다.

9. 강박행동에 저항하기 위해 얼마나 많은 노력을 기울입니까?

　강박행동을 멈추려고 얼마나 자주 노력합니까?

　(이 문항은 당신이 강박행동을 통제하는 데 얼마나 성공적이었나를 보려고 하는
　것이 아닙니다. 단지 당신이 얼마나 많이, 얼마나 자주 강박행동에 저항하기 위해
　노력하는지에 관심이 있습니다.)

0 나는 항상 강박행동에 저항하려고 노력한다.

　혹은 강박행동이 아주 미미하여 적극적으로 저항할 필요성을 느끼지 못한다.

1 나는 대부분의 시간(하루의 절반 이상)동안 강박행동에 저항하려고 노력한다.

2 나는 강박행동에 저항하려고 어느 정도의 노력을 한다.

3 나는 강박행동을 통제하려고 하지 않고, 어쩔 수 없이 강박행동을 하도록 내버
　려 둔다.

4 나는 완전히, 기꺼이 모든 강박행동을 하도록 내버려 둔다.

10. 강박행동을 얼마나 통제할 수 있습니까?

　얼마나 잘 강박행동을 멈출 수 있습니까?

　(만약 당신이 강박행동에 저항하려는 노력을 한 적이 거의 없다 할지라도, 이 문
　항에 답하기 위해 흔치는 않지만 당신이 강박행동을 멈추려고 노력한 경우를 생

각해 보십시오.)

0 완전히 통제한다.

1 상당한 통제: 약간의 노력과 의지력을 기울여 보통 강박행동을 멈출 수 있다.

2 중간 정도의 통제: 때때로 어렵게 강박행동을 멈출 수 있다.

3 약간의 통제: 강박행동을 단지 지연시킬 수만 있을 뿐 결국에는 강박행동을 다 해야만 한다.

4 통제 불가: 잠깐이라도 강박행동을 지연시킬 수 있는 경우가 거의 없다.

총점 (문항 1~10의 점수 합) _____

제13장

건강한 생활을 이어 가기 위한 프로그램

B군을 다시 만난 담당 선생님은 약을 줄이더라도 정기적으로 병원에서의, 또한 일상 생활에서의 스트레스 관리와 규칙적인 생활, 운동 등이 증상을 조절하는 데 중요하다는 점을 다시 한 번 강조하여 설명하였습니다. 처음에는 중요하지 않은 잔소리라고 생각한 부분이 중요한 내용이었다는 것을 깨달은 B군은, 이전보다 소량의 약물을 복용하는 것 과 함께 인지행동치료 기법의 복습을 통해서 처음 시도한 때보다 빨리 증상을 줄일 수 있었습니다.

인지행동치료(CBT) 접근법을 자신의 일상에 맞출 수 있는 방법을 모색해 보도록 합니다. 집을 나설 때마다 반복적으로 확인하고 싶은 욕구를 억누르거 나 '더러운' 돈을 만진 후 손을 씻고 싶은 욕구를 참는 것이 그 예가 됩니다. 추가적으로, 건전한 삶을 영위하면 프로그램에 충실히 따르는 데 도움이 될 것입니다.

1 빈 시간 채우기

한때 강박행동을 하느라 허비하던 시간이 이제 엄청난 공백의 시간으로 자신에게 돌아올 수 있습니다. 강박증이 다시 돌아오지 못하도록 예방하기 위해서는 이러한 시간을 뜻 깊고 생산적인 활동으로 채우는 것이 가장 좋습니다. "게으른 마음속에 악마가 뛰어논다."라는 격언을 명심하십시오. 다음의 빈칸에 자신이 참여하고 싶은 활동들을 적어 보세요. 이 활동은 취미활동, 자원봉사활동, 유급 직업, 그림 그리기, 일기 쓰기 등을 포함하며, 그 가능성은 무궁무진합니다. 그런 다음 한때 강박행동을 하느라 허비한 시간을 이러한 활동들로 채울 계획을 세워 보세요.

참여하고 싶은 활동 목록

1. _____
2. _____
3. _____
4. _____
5. _____
6. _____
7. _____

2 식사 제대로 하기

건강하고 균형이 잡힌 식사를 하면 자기주도 CBT 프로그램의 효과를 최대로 볼 수 있습니다. 뇌가 정상적으로 활동하게 하려면 신경전달물질, 호르몬 등의 물질들이 함께 작용해야 하는데, 이를 위해서는 우수한 영양 섭취가 필수적입니다. 뇌가 최상으로 활동하기 위한 최고의 규칙은 바로 건강하고 영양이 균형 잡힌 식사를 하는 것입니다.

물론 특정한 증상을 조절하기 위해 식단의 변화를 주는 경우도 존재합니다. 알코올은 중앙 신경계 기능을 저하시키므로 금주를 하면 불안증이 감소할 뿐만 아니라 우울증에도 긍정적인 효과를 줍니다. 다수의 강박증 환자들은 때로 불안하거나 과도하게 자극된 상태를 느끼는데, 설상가상으로 일부 강박증 치료제도 과도하게 자극된 상태와 불안감이라는 부작용이 있습니다. 커피, 콜라, 초콜릿 등의 카페인이 든 식품도 피하는 것이 좋습니다.

가장 중요한 식단 변화는 사탕이나 페이스트리 같은 정제된 탄수화물 식품을 피하는 것으로, 설탕이 든 식품은 무조건 멀리하도록 합니다. 정제설탕 대신 과일과 통밀 빵, 통밀 파스타 같은 복합 탄수화물을 섭취하는 것이 좋습니다. 이를 통해 각성된 기분이 차분해지고 강박증 치료제가 흔히 가져오는 두 가지 부작용인 체중 증가와 탄수화물 탐닉에 대응할 수 있게 됩니다. 자신이 쉽게 부작용에 시달리는 유형임을 안다면, 사전지식을 바탕으로 이를 미리 예방하여 체중이 느는 것을 막을 수 있습니다.

❸ 적당한 운동 하기

적당한 운동은 중요하지만 너무 집착할 필요는 없습니다. 긍정적인 효과를 얻기 위해 굳이 힘든 운동을 하지는 않아도 됩니다. 적당한 운동을 규칙적으로 하면 칼로리를 소비하고 신진대사율을 높이고 식욕을 감소시켜 주므로 많은 혜택을 얻을 수 있습니다. 운동을 하면 근육의 긴장이 풀어지고, 집중력과 기억력이 높아지며, 숙면에 도움이 되고, 우울과 불안, 스트레스가 줄어듭니다. 또한 운동 덕에 외모가 좋아지기 시작하면서 자신에 대한 기분도 좋아져 자신감과 자존감이 높아지므로 강박증을 개선하는 데도 도움이 됩니다. 헬스클럽 안에서 땀을 흘리는 사람들 속에 함께 있거나 더럽게 느껴지는 거리에서 조깅을 하는 행위가 실생활에서 ERP를 실천할 기회도 제공하므로 금상첨화입니다. 운동 계획을 세우기 전에 담당 의사와 상의하도록 합니다.

④ 스트레스 줄이기

　살면서 겪는 많은 일이 우리에게 스트레스를 줍니다. 특히 이사, 질병, 출산, 그리고 죽음과 같이 변화와 전환을 겪는 시기에는 스트레스가 가중됩니다. 다른 도시에 사는 지인이 찾아오는 일 같은 사소한 일조차 상당한 스트레스를 유발할 수 있습니다. 강박증은 스트레스가 많은 시기에 기승을 부리는 경향이 있으므로, 이런 시기에는 더욱더 자기주도 프로그램을 충실히 이행하는 데 큰 곤란을 겪게 됩니다. 이 점을 예상하고 자신에게 휴식을 주도록 합니다. 프로그램을 이행하는 데 방해가 있는 시기에는 자신에게 특별히 너그럽게 대하고, 그저 최선을 다하도록 합니다. 일상생활에서 스트레스의 양을 줄이는 방법을 모색하고 이에 대응할 새로운 방법도 찾아보는 것이 좋습니다. 예를 들어, 음악을 듣거나 친구와 대화를 나누거나, 혹은 취미활동을 할 시간을 내어 휴식을 취하도록 합니다.

　또한 과도한 피로로 강박증이 악화될 수 있으므로 적당한 수면과 휴식이 필수적인 사항이라는 점에 유념해야 합니다. 강박증 치료제 복용으로 수면장애가 생겼다면, 담당 의사와 의논하도록 합니다.

❺ 건강한 삶 누리기

스트레스 줄이기, 긴장 풀기, 식단 개선하기, 그리고 맞춤 운동 프로그램 등 도움이 되는 정보를 담은 수많은 책이 시중에 나와 있습니다. 자신에게 잘 맞는 정보와 기법을 찾기 위해 그러한 책을 많이 읽는 것이 도움이 됩니다.

다음에 나오는 칸에 스트레스 줄이기, 긴장 풀기, 다이어트, 운동, 그리고 일반적으로 자신의 생활방식을 변화시킬 계획을 써 보세요.

생활방식을 변화시킬 계획

1.

2.

3.

4.

5.

6.

7.

다음은 서울대학교 의과대학에서 자체 개발한 컴퓨터 기반 인지행동치료 프로그램입니다. 강박증이 있는 사람에게 보다 손쉽고 용이하게 효과적인 치료를 제공할 수 있을 것으로 생각합니다. 집에서 시도해 보기를 권합니다.

컴퓨터 기반 강박증 치료 프로그램

(COT: Computerized Obsessive-compulsive-disorder Therapy)

＊ 'COT'는 강박증에 효과적인 인지행동치료를 인터넷 기반으로 구현하여, 시간과 장소의 제약 없이 훈련할 수 있도록 도와주는 자가 치료 프로그램입 니다(특허 취득: 신민섭, 권준수, 설순호, 2012).

＊사이트 주소는 다음과 같으며(www.ocdcbt.com), 사이트에 접속하면 다음 과 같은 메인 화면이 나타납니다.

–이 중 '강박증' '인지행동치료' 'CCBT(컴퓨터 기반 인지행동치료)'를 클릭 하면 증상과 치료에 대한 이해를 돕는 여러 자료가 제공되니 참조하기 바 랍니다.

-본격적인 치료에 들어가려면 'COT'를 클릭합니다. 단, 회원 가입 후 관리
자의 승인을 받은 사람에 한하여 COT 접속이 가능하므로 회원 가입 절차가
필요합니다. 우선 COT 사이트에서 회원으로 가입한 후에, '이름, COT 아
이디와 패스워드'를 기재하여 snuhocd@hanmail.net으로 이메일을 보내
주십시오. 관리자가 이를 확인한 후 승인하면, 이후에는 로그인만 하면 자
유롭게 COT 이용이 가능합니다.

-훈련을 진행하면서 느낀 궁금한 사항이나 프로그램 오류에 대해서는 '고
객센터' 내 Q&A에 질문을 올리면 됩니다. 본인 외에 다른 사람들은 볼 수
없도록 '비밀글' 설정이 가능하므로 사적인 정보의 노출에 대해서는 염려
하지 않아도 됩니다.

＊COT 치료는 모두 10회기로 이루어지며, 각 회기는 '훈련하기'와 '나의 훈
련 기록' 2개 영역으로 구분됩니다. 다음 화면을 참조해 주세요.

-일주일에 한 회기씩 실행하면 됩니다. 0회기는 일반적인 개관에 해당하므로, 0회기와 1회기를 묶어서 첫 주에 시작하세요. 그리고 둘째 주에는 2회기, 셋째 주에는 3회기, 이런 식으로 진행하면 됩니다. 10주 후에는 10회기가 모두 완료됩니다.

-우선 '훈련하기'에서 해당 회기를 클릭하세요. 한 회기에는 그 회기에 배우게 될 여러 가지 기법이 나오고, 회기 말미에 이러한 기법을 자신에게 적용하는 과제가 부여됩니다. '나의 훈련 기록'에서는 회기 내에 자신이 작성한 내용뿐만 아니라 각 회기의 과제로도 바로 연결되니, 이후 과제만 할 때는 '나의 훈련 기록'을 통하여 접속해도 됩니다.

-한 회기가 끝났다는 것은 그 회기의 과제까지 모두 완수한 것을 의미합니다. 앞의 회기가 끝나지 않으면 뒤의 회기를 클릭해도 접속이 되지 않고 "이전 회기가 완료되지 않았습니다."라는 팝업창이 뜹니다. 순차적으로 훈련에 임해 주세요. 그리고 각 회기를 연달아 시행하는 것을 막기 위해 (즉, 충분한 훈련을 위해) 한 회기가 끝난 후에는 그날 자정이 되어야 다음 회기로 넘어갈 수 있도록 제한이 걸려 있습니다.

-회기마다 소요되는 시간은 다양합니다. 1~3회기까지는 회기당 1~2시간이면 끝나지만, 뒤의 회기로 갈수록 여러 기법이 더해지면서 5~6시간씩 시간이 좀 더 소요될 것입니다. 한 번에 회기를 완료할 필요는 없습니다. 일주일 동안 자신이 편한 시간대를 이용하여 여러 번 접속해 훈련하면 됩니다.

*마지막으로 COT의 원활한 사용을 위해서 모니터 및 인터넷 설정을 다음과 같이 변경해 주십시오.

-모니터의 해상도 : 1280 × 1024 이상이어야 합니다. 컴퓨터 특성상 모니터의 해상도를 높일 수 없는 경우에는 다음과 같은 옵션도 가능합니다.

　　A. 도구 → 인터넷 옵션 → 보안 → 사용자 지정 수준 → 웹사이트에서
　　　주소 또는 상태 표시줄 없이 창을 열도록 허용을 '사용'으로 전환한
　　　후 익스플로러 재시작

　　B. 윈도우 시작 버튼에서 마우스 오른쪽 버튼 클릭 → 속성 → 작업 표시
　　　줄 → 작업 표시줄 자동 숨기기에 체크

－인터넷 옵션 : 인터넷 창에서 도구 → 인터넷 옵션 → 고급순으로 클릭하
여 검색 내 'HTTP 오류 메시지 표시'의 선택을 해제합니다.

166

■■■ 참고문헌 ■■■

Hyman, B. M. and C. Pedrick (1999). *The OCD workbook: your guide to breaking free from obsessive-compulsive disorder*. Oakland, CA, New Harbinger Publications: Distributed in the U.S.A. by Publishers Group West.

Seol, S. H., J. S. Kwon and M. S. Shin (2013). Korean self-report version of the yale-brown obsessive-compulsive scale: factor structure, reliability, and validity. *Psychiatry Investig, 10*(1): 17–25.

Wolpe, J. and A. A. Lazarus (1966). *Behavior therapy techniques: a guide to the treatment of neuroses*. Oxford, New York, Pergamon Press.

찾아보기

서울대학교병원 강박증 클리닉

    서울대학교병원 강박증 클리닉은 국내 최초의 강박증 전문 클리닉으로 개설되어 현재 연 진료 인원 3,200여 명 규모의 치료가 이루어지고 있습니다. 이는 강박증 진료의 규모에서 단일 센터로는 세계 최대 수준입니다. 임상적인 면에서 진료 및 평가와 관련된 다양한 진료과와의 밀접한 협조 아래 신경심리학적·뇌영상학적 접근 방법을 적극적으로 이용하여 강박증 환자의 진단, 치료 및 기능 면의 전반적 개선에 힘쓰고 있으며, 연구 면에서는 강박증의 병태 생리 규명에 세계 선두 그룹을 구성하고 있습니다. 서울대학교병원 강박증 클리닉은 최근 교육, 연구, 진료, 국제교류, 신기술 분야에서 글로벌 경쟁력을 갖춘 세계 최고 수준의 전문 센터를 발굴해 인증하는 'SNUH 월드클래스센터(SNUH World Class Center)·인증'을 받은 바 있습니다.

2011
SNUH
WORLD
CLASS
CENTER

SNUH 월드클래스센터 인증서

강박증센터
Comprehensive Treatment Center for Obsessive-Compulsive Disorder

귀 센터는 세계적인 수준의 교육, 연구, 진료의 역량을
발휘함으로 서울대학교병원의 위상을 높이는 데 크게 기여하였기에
서울대학교병원 월드클래스센터로 인증합니다.

2011년 6월 23일

서울대학교병원장
정희원

서울대학교병원 정신건강의학과에서는 매주 월요일, 목요일 오전에 강박증 클리닉을 운영하고 있습니다. 특히 강박증을 앓고 있으나 치료를 받은 적이 없는 환자들을 대상으로 하여 자기공명영상(MRI)과 신경인지기능검사 등의 정밀검사를 시행하여 뇌기능을 평가하고 치료 경과에 따른 뇌기능 변화를 알아보는 프로그램이 시행되고 있습니다.

이 밖에 강박증 치료에서 약물치료와 함께 중요한 치료 방법으로 받아들여지고 있는 인지행동치료 프로그램이 운영되고 있습니다. 외래 강박증 환자를 대상으로 인지행동치료를 실시하고 있는데, 1분기(3~6월), 2분기(7~10월), 그리고 3분기(11~2월)로 나누어서 환자들을 모집합니다. 치료는 총 13회기로 구성되어 있고 매주 1회기씩 진행되므로 프로그램을 마치는 데 약 3~4개월이 소요됩니다. 그 기간에 매주 월요일과 목요일 중 정해진 날 병원에 와서 대략 1시간 반 정도 인지행동치료, 교육 및 개별 면담을 하게 됩니다. 치료의 순서는 다음 표와 같이 행동치료와 인지치료, 재발 방지에 대한 내용으로 이루어지며, 각 회기에 다룰 내용은 집단의 상황과 각 환자의 상황에 맞추어 조정될 수 있습니다.

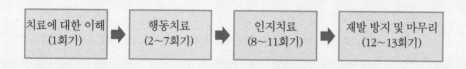

각 회기는 그룹치료와 개인치료로 구성됩니다. 회기 전반부는 집단치료로 구성되어 5~6명의 환자가 한 집단이 되고, 2명의 치료자가 그룹치료를 진행합니다. 회기의 후반부에는 한 치료자당 2~3명의 환자가 배정되어 과제 점검, 과제 제시, 회기 평가, 그리고 면담을 진행하게 됩니다.

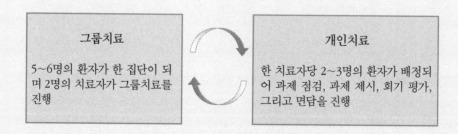

치료 과정에 따라 회기 구성의 차이가 있을 수 있으나 대략적인 구성은 다음 표와 같이 이루어집니다.

서울대학교병원 CBT 프로그램

회기	주제	증상평가
1	환자 교육	BDI, BAI, Y · BOCS
2	집단 구조화 및 증상 목록표 작성하기	
3	새로운 불안완화 기법 학습 및 증상에 대한 상세한 탐색.	
4	행동적 전략의 도입 ERP의 시작	
5~7	단계적 ERP 훈련(1~3)	
8	강박증의 인지 모델 소개 및 인지적 평가 다루기	BDI, BAI, Y · BOCS
9	왜곡된 인지적 평가의 수정	
10~11	강박증에 공통적인 인지적 평가 다루기(1~2)	
12	재발 방지	
13	매듭짓기	BDI, BAI, Y · BOCS

한편, 서울대학교병원 정신건강의학과 주간집중치료센터(DICC: Day Intensive Care Center)에서도 강박증 환자를 위한 인지행동치료 프로그램을 운영하고 있습니다. 주간집중치료센터는 서울대학교병원 본관 3층 정신건강센터에 있으며 낮병원(Day Hospital) 형태로 운영됩니다. 낮병원은 매일 통원하며 치료를 받는 부분입원의 한 형태로 주간집중치료센터는 매주 화, 금요일 오전 9시부터 오후 3시까지 운영하고 있습니다. 입원 시간에는 집단 치료실 및 면담실, 휴게실 등이 있는 낮병원 병동에서 지내면서 개별 평가 및 치료, 식사 등을 하게 됩니다. 입원 기간에는 담당 치료진과의 개별 면담 및 각종 검사, 질환 및 치료에 대한 교육, 약물치료 및 인지행동치료, 스트레스 관리 및 대인관계 향상을 위한 프로그램 등을 집중적으로 제공받을 수 있고, 이러한 평가 및 치료의 결과가 이후 외래 치료로 연계되도록 하여 통합적이고 체계적으로 치료받을 수 있도록 도움을 주고 있습니다.

주간집중치료센터의 단기 인지행동치료 프로그램은 매주 화, 금요일 주 2회씩 총 8회기로 4주간 진행됩니다. 대개 오전 11시부터 12시까지는 인지행동치료에서 다루는 여러 가지 개념과 구체적인 시행 방법에 대해 듣고 그룹치료 시간을 가진 후, 오후 1시부터 2시까지 각자 노출 훈련과 인지적 교정 등을 위한 개인치료를 받게 됩니다. 이후 각자 주치의와의 면담을 통해 치료 성과를 평가하고 향후 계획을 세우게 됩니다.

서울대학교병원 정신건강의학과 강박증 클리닉에서는 정신과 의사와 임상심리전문가의 밀접한 협진이 가능하고, 새로운 인지행동치료의 방법으로 컴퓨터 기반 강박증 인지행동치료 프로그램을 개발·적용하고 있습니다. 또한 신경외과와의 협진을 통하여 난치성 강박증 환자에 대하여 최신의 치료법인 심부뇌자극술을 제공합니다. 강박증 환자에게서 나타나는 대뇌피질 신경세포의 이상과 약물치료 전후의 신경세포 기능의 변화를 뇌영상 연구를 통해 규명하고, 대뇌백질의 이상과 기능적 연결성의 변화 등을 연구하여 강박증의 병태생리 규명에 중요한 성과를 내고 있습니다.

◆ 오시는 길 및 연락처

담당 교수: 정신건강의학과 권준수 교수

위치: 서울대학교병원 본관 3층 신경정신건강센터 (지하철 4호선 혜화역 3번 출구)

홈페이지 http://ocd.snu.ac.kr

전화 02) 2072-1780(1770)

저자 소개

권준수 Jun Soo Kwon , M.D., Ph.D.

서울대학교 의과대학을 졸업하고 서울대학교병원 정신과에서 전공의 수련을 받았으며, 현재 서울대학교 의과대학 정신과 주임교수, 서울대학교 자연과학대학 뇌인지과학과 교수로 재직 중이다. 미국 하버드대학교 의과대학 정신과에서 연수하였고, 대한불안의학회, 대한조현병학회, 한국인지과학회 등에서 이사장 및 회장을 역임한 바 있다. 분쉬의학상, 아산의학상 등 다수의 수상 경력이 있고, 현재 한국과학기술한림원과 대한민국의학한림원 정회원으로 활동하고 있다.

강박증의 통합적 이해(학지사, 2009)
대표 저자 권준수
전문가들을 위하여 저술된 강박증에 대한 종합적인 내용을 담고 있는 도서. 강박증의 원인, 임상양상, 치료 등에 대한 최신 지견을 쓴 책

나는 왜 나를 피곤하게 하는가(올림, 2009)
저자 권준수
일반인을 대상으로 강박증에 대해 알기 쉽게 풀어 쓴 책

신민섭 Min-Sup Shin, Ph.D.

서울대학교와 동 대학교 대학원에서 아동학, 임상심리학을 전공하고 연세대학교 대학원에서 임상심리학 박사학위를 취득하였다. 서울대학교병원 신경정신과에서 임상심리전문가 수련을 받았고, 현재 서울대학교 의과대학 정신과 교수로 재직하고 있다. 미국 하버드대학교 의과대학 정신과, 네덜란드 프리헤대학교 임상신경심리학과, 독일 울름대학교 의과대학 소아청소년정신과 방문교수, 한국임상심리학회 회장을 역임한 바 있다. 현재 한국자폐학회 회장, 한국인지행동치료학회 차기회장이다.

강박증의 인지치료(시그마프레스, 2008)
저자 Sabine Wilhelm
역자 신민섭, 설순호, 권준수
강박증 치료를 위한 인지적 접근을 제시한 지침서. 강박증의 인지적 특성 및 이론과 치료의 구체적인 내용과 기법에 대해 자세히 다룬 책

쉽게 따라하는
강박증 인지행동치료
CBT for OCD Made Easier

2015년 5월 20일 1판 1쇄 발행
2024년 8월 20일 1판 10쇄 발행

지은이 • 권준수 · 신민섭
펴낸이 • 김 진 환
펴낸곳 • (주) **학지사**

04031 서울특별시 마포구 양화로 15길 20 마인드월드빌딩 5층
대표전화 • 02) 330-5114 팩스 • 02) 324-2345
등록번호 • 제313-2006-000265호

홈페이지 • http://www.hakjisa.co.kr
인스타그램 • https://www.instagram.com/hakjisabook/

ISBN 978-89-997-0688-2 93180

정가 **16,000원**

저자와의 협약으로 인지는 생략합니다.
파본은 구입처에서 교환하여 드립니다.

이 책을 무단으로 전재하거나 복제할 경우 저작권법에 따라 처벌을 받게 됩니다.

출판미디어기업 **학지사**

간호보건의학출판 **학지사메디컬** www.hakjisamd.co.kr
심리검사연구소 **인싸이트** www.inpsyt.co.kr
학술논문서비스 **뉴논문** www.newnonmun.com
원격교육연수원 **카운피아** www.counpia.com
대학교재전자책플랫폼 **캠퍼스북** www.campusbook.co.kr